晏子的智慧

李任飞 著

齊魯書社

图书在版编目（CIP）数据

晏子的智慧 / 李任飞著. -- 济南 ：齐鲁书社，2020.7
ISBN 978-7-5333-4349-1

Ⅰ.①晏… Ⅱ.①李… Ⅲ.①晏婴（？-前500）-哲学思想-研究 Ⅳ.①B222.95

中国版本图书馆CIP数据核字(2020)第111861号

责任编辑 / 张敏敏　王　敏
装帧设计 / 亓旭欣

晏子的智慧
YANZI DE ZHIHUI
李任飞　著

主管单位	山东出版传媒股份有限公司
出版发行	齊魯書社
社　　址	济南市英雄山路189号
邮　　编	250002
网　　址	www.qlss.com.cn
电子邮箱	qilupress@126.com
营销中心	（0531）82098521　82098519
印　　刷	济南继东彩艺印刷有限公司
开　　本	720mm×1020mm　1/16
印　　张	12.5
字　　数	180千
版　　次	2020年7月第1版
印　　次	2020年7月第1次印刷
标准书号	ISBN 978-7-5333-4349-1
定　　价	39.00元

愿智慧生长（序言）

晏子，名婴，春秋时期齐国人。他第一次在史书中露面，是在鲁襄公十七年，也就是公元前556年。那一年，晏子的父亲去世了，于是：

> 晏婴粗缞斩，苴绖、带、杖，菅屦，食鬻，居倚庐，寝苫，枕草。其老曰：“非大夫之礼也。”曰：“唯卿为大夫。”（《左传》）

晏子按照当时的礼仪制度，穿着粗布丧服，头上和腰间扎着用麻布搓成的孝带，手拄拐杖，脚穿草鞋，每天以粥充饥，住在简陋的棚屋里，睡在草垫子上，枕着草枕头休息。这时候，他的老家臣说话了：这不是大夫的礼仪啊！晏婴说：只有卿才能行大夫之礼。

这段故事放在今天已经很难准确解读了，但是仍然能让我们感受到晏子的处事风格。第一，他是孝子，很虔诚地哀悼自己的父亲；第二，他很懂礼仪，在衣食住行各个方面做得很全面、很标准；第三，他很谨慎，即便是父亲去世，也不会越礼。从此，晏子登上了历史舞台，此后的表现可谓精彩。

当然，不能仅凭一件事情就做判断、下结论。晏子身为国相，想要施展才华、开创盛世，也不可能只靠孝心、全面、谨慎来实现。他所处的时代，诸侯争霸，大夫争权，国内矛盾深化，外部环境动荡，面对诸多棘手的问题，他需要拿捏的事情太多太多。有可为的，有难为的；有确保安全的，有被迫冒险的；有必须坚守的，有无奈放弃的；有立竿见影的，有终生无解的。虽然身居高位，也会有很多桎梏；即便是算无遗策，也难免力不从心。面对国君、同僚、社会名流、劳苦大众、国外势力等，其中不乏一些猛士或野心家，晏婴既要保全自我，又要不辱使命，想要达到均衡状态，无疑需要智慧作支撑。这就是《晏子的智慧》这本书的主体内容。

一直以来，人们对晏子的解读主要有两种倾向。一种倾向是侧重研讨他的思想和理论，比如以民为本、以礼治国、倡导廉政、和平外交、“幅利论”、和同论、社鼠论、猛狗论，等等。另一种倾向是堆积溢美之词，做外在的定性评价，比如伟大、贤明、崇高、善良、机智、担当、真诚，等等。他的思想和理论的确达到了令人仰望的高度，他的为人处事的确无愧于这些令人仰慕的评价。但是除此之外，还应该从人性的角度对他进行解读。他同样有渴求、喜悦、伤感、恐惧、愤怒、失望、无奈。这些心灵层面的波澜恰是进入一个人智慧空间的入口。只有触及这些情感，才能真正找到他身上所谓“智慧”这种柔软灵动的东西，才能让古代的晏子在现代人心中变得鲜活、灵动、真切。这就是《晏子的智慧》这本书的写作追求。

作为一位政治家和外交家，晏子不可能像书生那样单纯。他的一生，仿佛一泓漂满树叶的秋水，放眼望去，五色杂陈。如果将落叶轻轻拨开，就会发现这泓秋水依然清澈见底。他不贪财、不恋权、不好色、不怕死，在漫长的岁月中保持高贵和亲切，坚守初心和善良，虽然经历多次打击和诱惑，最终仍然纯洁得像个婴儿。老子在《道德经》中说“复归于婴儿”，其实晏子已经成功践行。“婴”，不仅是晏子的名字，也是他的人生境界。这就是《晏子的智慧》这本书对他的重要评价，也是面向今天和未来的一种希冀。

愿读书快乐。愿智慧生长。

李任飞

2020 年 5 月于成都

目 录

第一篇

铤而走险

古今政坛经常有一些重大关头。

这样的关头对一些人来说可能是劫难，而对另一些人来说则可能是机遇。

因为，重大关头“链接”的往往是动荡和洗牌。

直接相关的人，面临的是你死我活的战斗；间接关联的人，面临的则是审时度势的选择；无关的人，最好站得远远的，免得受到伤害。

公元前 548 年的一天，我们故事的主人公晏婴正面临着一个重大关头——齐国国君齐庄公在这一天被人杀了。国君被杀，接下来不用说，一定是大动荡和大洗牌。那么这一次，晏婴将要面对的是一场劫难还是一次机遇？他会铤而走险还是袖手旁观呢？

我们先来了解一下晏婴。

一、一个奇人的秉性

晏婴，齐国人，字平仲。有一个关于他的脍炙人口的故事广为流传，即“晏子使楚”。我们经常使用的俗语——“挂羊头，卖狗肉”（原本叫“挂牛头，卖马肉”），就渊源于他。

晏婴的祖籍，按照司马迁的记载，在齐国夷维，也就是今天山东潍坊一带。也有人更加肯定地说他是山东高密人，说他是 2012 年诺贝尔文学奖得主莫言的同乡前辈。晏婴的父亲是齐国大夫，因此依照世袭制度，在公元前 556 年父亲去世的时候，晏婴接班当上了大夫。从晏婴接替父亲官爵这一点可以推测，他应该是嫡长子，也就是嫡妻生的大儿子。

关于晏婴在世的时间，世人多有不同说法，有人说他最少活了七十八岁，有人认为他最多活了九十五岁。他在齐国政坛活跃了五十多年，长期担任齐国国相，辅佐齐景公开创了齐国历史上继姜子牙盛世、齐桓公盛世之后的第三次盛世。后人评价他是一位伟大的政治家、思想家和外交家。

晏婴画像

除了这些基本资料，如果再深入了解，就会发现他是一位奇人。那么，他到底奇在哪里呢？

第一奇——个小。

晏婴虽然是个大夫，但他长得实在对不起大夫的这个“大”字，因为他是个小个子。他的个子到底有多小呢？各种史料的说法不一。

按照司马迁《史记·管晏列传》透露出的信息，他身高不足六尺。

按照《晏子春秋》透露出的信息，他身高可能不足五尺。

按照《东周列国志》的记载，楚灵王甚至还说他不足三尺。

虽然我们现在无法准确将其身高换算成现在的高度，但通过史料可知，其身高在当时算是矮的了。这么小的个子居然能够当上齐国的国相，本身就是一奇。我们见过个子小的，却没见过当国相的个子这么小的。

虽然不该以貌取人，但也必须承认不同容貌给人带来的自信和机遇是不同的。如果论个头，“长不满六尺”的小个子想当国相实在是太不容易了。所以这个事实至少说明了两点：一是齐国当时在用人方面，遵循姜子牙定下的“举贤而上功”的人才政策，就是尊重贤能的人，崇尚建功立业；二是晏婴肯定有自己的绝活，就像武侠小说里的特异人物，只要肯出手，必定身手不凡。

第二奇——“抠门”。

司马迁在《史记·管晏列传》中说晏婴“食不重肉，妾不衣帛”，就是说他家吃饭只允许上一道荤菜，他的老婆只穿粗布衣服。

有一次，国君派人到晏婴家里找他，正赶上晏婴在吃饭。既然赶上了，晏婴得礼让一下，于是那人就坐下了。但是，吃得差不说，万万没想到的是，晏婴家里只做了一份饭，也就是只够他一个人吃的。在这种情况下，晏婴是怎么办的呢？他拿过客人的碗，从自己的碗里拨出了一半，就算是招待了。我们见过“抠门”的，但没见过这样“抠门”的。

晏婴身为齐国国相，有封地，有俸禄，怎么会对自己如此“抠门”呢？这个又是一奇。难道他真的没有能力消费吗？其实不然，晏婴穿着很差的料子做成的衣服，坐着一辆破旧的马车。国君都看不下去了，想送给他千金裘、豪华车，却都被晏婴拒绝了。

晏婴的“抠门”不但令人不解，而且招来了非议。同僚们指责他：你拿着国君的俸禄，还过得这样寒酸，不是给国君丢脸吗？不是给国家抹黑吗？国君一听，对呀，请你解释一下为什么这么做。晏婴说：“国君给我的东西的确不少，但我不想自己挥霍享受。我用这些俸禄来养亲扶贫。我父亲这边的亲戚、我母亲那边的亲戚、我妻子那边的亲戚，我都照顾得很好；除此之外，我还用我的俸禄接济几百户贫寒人家，这不正是在宣扬国君的恩德吗？”所以，晏婴的“抠门”其实不是真正的抠门，只是有目的的节俭而已。

正是因为晏婴这样节俭、自律又乐于助人，所以他在齐国素有贤名，还被人称为齐国第一大贤人。

第三奇——嘴直。

据《晏子春秋》记载，晏婴辅佐过三代国君，分别是齐灵公、齐庄公和齐景公。

晏婴在齐灵公手下做事的时间仅有一年左右，并且职位不高，所以他与齐灵公接触很少，但他为齐灵公提过一条非常有效的建议。

齐灵公老的时候，喜欢让宫里的女人都穿男装。结果，整个国家的女人都流行穿男装了。齐灵公觉得不像话，派官吏去禁止，但是，就算是撕裂衣服、揪断衣带，还是管不住。齐灵公就问晏婴怎么办。

晏婴说："您让女人在宫内穿男装，在宫外又禁止女人穿男装，这就是'挂牛头，卖马肉'，这样做是达不到效果的。怎么办呢？""当然是先让宫里的女人不穿男装，宫外的女人自然就不敢再违抗君令了。"

国君采纳了这个建议。果然，一个月时间，问题就解决了。虽然在这个故事里，晏婴嘴直的个性没有完全体现出来，但是当面说国君是"挂牛头，卖马肉"，这句批评也是够猛、够直接的。

晏婴辅佐的第二代国君就是前面说的这位被杀了的齐庄公。齐庄公在位六年，深刻领略了晏婴嘴直的个性。开始的时候，齐庄公表现得很大度，晏婴提意见，他就做出乐于接受的样子，"言大用，每朝赐爵益邑"，就是重视和采纳晏婴的意见，并赏赐给晏婴爵禄和封邑。但"俄而不用，每朝致邑与爵"，也就是好景不长，晏婴提着提着，齐庄公就烦了，不但不用晏婴提的意见，晏婴每提一次，齐庄公还收回一些爵禄和封邑。

本来齐庄公收回爵禄和封邑，就是想给晏婴一点警告，但没想到晏婴这个牛脾气不依不饶。终于有一天，齐庄公忍无可忍了，在喝酒的时候把晏婴叫来了。晏婴一进门，乐队就唱起歌："算了吧，算了吧，国君不高兴，你还来做什么呢？"

晏婴坐下听了三遍，明白这歌里唱的是自己，于是起身，面朝北坐在了地上。齐庄公很奇怪："先生，您陪我就席，为什么要坐在地上？"

晏婴说："常言说，要告状坐地上，现在我想控告您，怎么能不坐在地上？"

看看，晏婴想要控告国君！有没有搞错？这个故事叫"坐地讼公"。我们见过嘴直的，但的确很少见到嘴这么直的。

那么他想控告国君什么呢？

晏婴说："众而无义、强而无礼、好勇而恶贤者，祸必及其身。若公者之谓矣。且婴言不用，愿请身去。"什么意思呢？人多势众却无义，势力强大却无礼，崇尚勇力却厌恶贤人，必有灾祸降临到身上。这好像说的就是您哦。既然您听不进去我的话，我愿意辞官离去。于是晏婴回到家中，把家里的财物能上缴的就上缴，不需要上缴的就放到集市上，谁需要谁拿。然后他说："君子能为民出力，就加官晋爵，不推辞富贵。如果不能为民出力，就回来过平民生活，不嫌弃贫贱。"说完之后，他就徒步赶往"东海农庄"，参加"劳动改造"去了。所以在齐庄公出事的时候，晏婴已经不是"公职人员"了，并且当时不在"首都"，而是在"东海农庄"。

虽然晏婴这次因为嘴直使仕途受到了影响，但他在以后的从政过程中，仍然坚持不改这一奇特秉性。那么，在伴君如伴虎的年代，他是怎样直言敢谏又保全性命的呢？这也是他的一奇。

这个在"东海农庄""劳动改造"的小个子，这位历史奇人，听见齐庄公被杀，会有什么反应呢？晏婴的反应是立即收拾行囊，驱车上路，直奔"首都"，冲向风口浪尖。

二、意料之中的祸端

接下来，我们还要了解一下齐庄公是怎么被杀的。

当年，晏婴在"坐地讼公"的时候，对齐庄公说过一句话，"祸必

及其身”。几年以后，齐庄公真被人杀了。齐庄公被人杀的根本原因正是“众而无义、强而无礼、好勇而恶贤”。齐庄公重武轻文、重勇轻义，谁力气大、武艺高就给谁加官晋爵，养的都是猛臣悍将。他又是一个“胜敌志强”“屡征杀伐”的好战分子，劳民伤财，树敌太多，不得人心。而具体原因，说来可笑，齐庄公胡作非为、贪恋女色，竟然去偷曾经有恩于自己的一个大臣的老婆。

当时齐国的执政大臣名叫崔杼，是一个凶险狡诈的猛臣。六年前，就是他迎回被废太子即后来的齐庄公，并帮助他当上了国君。所以崔杼应该算作齐庄公的恩人。崔杼很幸运地娶了一个绝色寡妇，但是这个寡妇又很不幸地被齐庄公一眼看中了。于是齐庄公奋不顾身地打破了君臣关系的底线，经常趁崔杼不在的时候到崔杼家里，并且把崔杼的衣帽拿到朝廷上自己穿戴，甚至还赏给其他人。老婆被“偷”，里子没了；衣帽被别人穿戴，面子没了。这种既不给里子又不给面子的行为等于在逼迫崔杼“反抗”，于是一场爱情保卫战打响了。

第一步，崔杼首先做了个盘算，那就是必须得到“国际社会”的支持。由于齐庄公帮助过晋国的反对派，所以晋国对齐庄公一直怀恨在心。所以崔杼想，杀了齐庄公，作为霸主的晋国一定会很高兴，也就会支持他这个反对派，这样他更容易在国内站住脚。

第二步，崔杼找一个勇士帮自己动手。这个勇士是谁呢？这个人叫贾举，曾经被齐庄公用鞭子打过，常在齐庄公身边伺候。虽然齐庄公打过贾举以后，又跟他很亲近，但贾举内心的伤口并没有愈合，他一直怀恨在心，所以跟崔杼一拍即合。

第三步，崔杼给齐庄公设了个圈套，说自己病了，不能上朝。齐庄公便来看崔杼，趁机跟棠姜也就是崔杼的老婆幽会。

一个人色迷心窍时，脑子就会生锈；若事情异常顺利，很可能已经钻进了圈套。

当时崔杼假装卧病在家，齐庄公则在崔杼眼皮子底下，异常顺利地见到了棠姜。两个人卿卿我我了几句，棠姜就说：“国君先等一会儿，我进内室收拾收拾就请您进来。”齐庄公以为棠姜想给他什么惊喜，所以欣然答应，并且“拊楹而歌”（《左传》），就是抚摸着门柱唱小曲。

这一边蠢蠢欲动，而那一边已经开始行动。

棠姜一进内室，就跟崔杼一起从侧门离开了。

贾举命令家丁把大门关闭，逐渐收紧包围圈。

齐庄公也很快发现情况不对了。

“你们想干什么？”齐庄公还想逞一逞国君的威风。

家丁们说：“我们是来杀淫贼的。”

齐庄公说：“我是国君，让你家崔国相前来听令。”

家丁们说：“崔国相卧病不起，没法前来。我们只接到了杀淫贼的命令。”

齐庄公一听明白了，国君的身份已经没用了。于是，他换了个姿态说：“饶了我吧，我再也不敢了。”

家丁们不说话，只摇头。

齐庄公又说：“要不告诉你家崔国相，我可以跟他盟誓。”

家丁们不说话，又摇头。

齐庄公又说：“我知道错了，对不起祖宗，能不能让我到宗庙前面谢个罪，然后自裁？”

家丁们不说话，还是摇头。

齐庄公知道跟家丁们说不通，他之所以说这么多实际上是为了拖延时间，伺机逃离。趁大家略一迟疑，他起身就跑，一纵身就蹿上了墙。齐庄公本来就武艺高强，所以他才好勇轻义、喜欢打仗。

家丁们急忙放箭，一箭正射中他的大腿，所以齐庄公掉到了院墙内。家丁们一哄而上，把他杀了。

接下来，晏婴就听到了这条意料之中的消息。

很显然，听到齐庄公被杀的消息，大家的反应截然不同。有的人战斗，有的人站队，有的人站得远远的。而晏婴这位奇人急匆匆地赶往风口浪尖，到底想要干什么呢？

三、哭君是件高危的事情

据《晏子春秋》记载，晏婴来到崔府大门口，随从问他：“您这是打算为国君殉死吗？”因为已经有好几位大臣为齐庄公自杀了。

晏婴怎么回答的？他说：“又不是我一个人的国君，凭什么大家活着而我要去死？”

随从又问：“那您为什么不逃跑呢？”其实随从也害怕，还真希望晏婴能够逃跑，不然自己也可能跟着送命。当时的确有一些大臣逃亡国外了。

晏婴回答说：“这里面我有什么罪过吗？我没罪为什么要逃跑？”他的意思是，人不是我偷的，国君也不是我杀的，我又没罪，怕什么？

随从又问：“那您为什么不赶紧回家？”当时更多的人选择躲在家里，明哲保身。

晏婴说：“国君被杀了，我们是他的臣民，不到这儿来奔丧，还能去哪儿呢？”他同时表明了自己的看法：“国君要是为了国家而死，我当然也要为国家而死；国君要是为了国家而流亡，我也要为国家而流亡；若是他为了自己的私欲而死，为了自己的私欲而流亡，除了他的宠臣，谁会跟随他。”

说到这儿，大门开了。

崔杼问：“子何不死？子何不死？”很多人认为崔杼是在诅咒晏婴，希望他早点自裁，免得自己动手。实际上还有一种可能，就是崔杼的确没有弄懂晏婴不死的理由。所以他很急切地问了两遍：你为什么不死呢？你为什么不死呢？因为身为齐国第一大贤人，忠君是必须的啊。

晏婴在这个时候又有什么高论呢？他说："祸始吾不在也，祸终吾不知也，吾何为死？"意思是，祸乱开始的时候，我不在场；祸乱结束的时候，我不知情，我为什么要死呢？"且吾闻之，以亡为行者不足以存君，以死为义者不足以立功。"况且我听说，那些以为出逃很高尚的人是无法保全君王的，那些以为死是很道义的人是无法建立功勋的。"婴岂婢子也哉，其缢而从之也？"我晏婴难道是个侍婢吗，非要为君主上吊才算忠诚吗？

晏婴前面这几段话说得非常有技巧。

一是说得入情入理，符合民众心愿，没有自杀也没有逃跑的人都很爱听，因为这些话给出了活下去的理由，国君又不是为国为民而死的，所以不值得我们为他去死去逃；即便我们想尽忠，去死去逃也是下策。这些话代表了绝大多数人的想法。

二是崔杼和他的同伙也很爱听。因为晏婴并没有全盘否定崔杼，他也说了国君有过错，所以显得非常客观。对崔杼而言，没有被大贤人全盘否定，也是一种胜利。他也不会期望更多。

接下来，我们才明白晏婴来这里做什么。原来他是来行哭君之礼的。晏婴走进崔杼的大门，摘掉了帽子，先坐在地上，然后伏在齐庄公的尸体上哭起来，哭过，站起身，按礼节规定，还向上跳了三下，礼成之后，转身就走。旁边的人对崔杼说，这个人一定要杀掉啊！

但是崔杼的格局毕竟比他部下的更大一些。他说：“民之望也，舍之得民。”就是说，这个人是百姓敬仰的，放了他，会得民心。

晏婴身入险境来行哭君之礼，为什么？可能有两个原因：

第一个原因可能是，晏婴非常重礼，不来尽这个本分，他自己内心过不去。

第二个原因可能是，晏婴有复出之意，想借此创造东山再起的机会，以实现政治抱负。

但是想东山再起，又不想与崔杼同流合污，这件事情肯定难度巨大。所以，生死考验还在后边。

四、要活还要活得有风度

后来，崔杼联合他的同党——猛臣庆封，决定立齐庄公的弟弟——十三岁的杵臼（也就是后来的齐景公）为国君。崔杼和庆封自立为左右相。为了迅速控制局面，他们推行铁血政治。他们怎么做的呢？崔、庆二人把大臣们都召集到太庙，然后一起歃血，要求大家盟誓说：“不与崔、庆同心，不得好死！”凡是手指不出血、说话吞吞吐吐、改变誓言内容的，统统杀无赦。结果，他们一连杀了七个大臣。现在轮到晏婴了，生死考验真的来了。

不同的史料对接下来的这件事情有不同的记载。

最简练但又糊涂的是《左传》的记载。《左传》载，当时晏婴说：“如果我不与忠君利国的人同心，有上天为证。”有上天为证就是指天发誓。然后，晏婴就歃了血，过关了。这个记载令人不解的是，改变了誓言的晏婴为什么没被杀掉呢？

司马迁的《史记·齐太公世家》说得略为详细。晏婴说：“我做不到，我只跟从忠君利社稷的人！”晏婴不肯盟誓。庆封就想杀了他，而崔杼说：“忠臣也，舍之。”这个人是忠臣啊，放了他吧。虽然做了个解释，但仍然比较牵强。前面杀掉的不肯歃血的那七位难道不是忠臣吗？前面的忠臣要杀，这个忠臣却不杀，思路缺乏连贯性。

而记载晏婴言行的《晏子春秋》是这样描述这件事情的。

轮到晏婴的时候，他手捧着装血的杯子，仰天长叹："呜呼！崔子为无道而弑其君，不与公室而与崔、庆者，受此不祥。"哎呀！崔杼做此无道之事，杀了君王，假如我不为公室而亲附崔杼、庆封，我就会身遭大殃！说完低头喝了血。

晏婴这样说根本没给崔杼和庆封留面子。令人意外的是，崔杼给晏婴留了一个机会。

他对晏婴说："你如果改变这些话，我就和你共同主宰齐国。如果你不改变，戟已经在你的脖子上，剑也已经在你的心口了，你就好好想想吧。"

但是晏婴没领这个情。他说："劫吾以刃而失其志，非勇也。回吾以利而倍其君，非义也。"你用利刃劫持我，逼我丧失意志，这不算勇武。你用利益诱惑我，让我背叛君王，这不合正义。

他接着说："崔杼啊崔杼，难道你没有读过《诗》吗！《诗》上说：'莫莫葛藟，施于条枚。恺悌君子，求福不回。'而今我怎么可能用奸恶邪僻的方法为自己祈福呢？就算用利刃钩住我的脖子，用利剑刺穿我的胸膛，我晏婴也不改变！"

话说到这里，双方彻底闹僵了。于是崔杼恼羞成怒，晏婴大难临头。

就在这个紧要关头，有人说话了。

虽然不知道说话的人是谁，但这个人应该跟崔杼关系不错，并且很受他尊重，当是在朝廷中很有威信的人。

这个人说："不可！你杀国君是因为国君无道，如今这位臣子是有道之臣，你如果杀了他，还怎样教导别人？"

这个人的话很有说服力。他先肯定了崔杼弑君的合理性，把崔杼的行为定性为杀无道昏君，这样一来使崔杼立即得到了舆论和心理支持。因此崔杼对这个人产生了更强烈的好感，并在内心给自己一个暗示——这个人是道义的化身。之后，这个人又说晏婴是有道之臣，自然形成了杀不得的逻辑。

所以在这个人的提醒下，崔杼恢复了理性。他还是不想彻底丧失民心的。民心虽然是个抽象的东西，可一旦被激怒，就会变成非常具体又强大的力量。所以崔杼迫于压力放了晏婴。于是，晏婴走出太庙，乘车回家。

他的车夫跟他在风口浪尖上奔走了两天，早已吓得魂不附体，所以载上晏婴就想驱车快跑。晏婴马上按住他的手说："徐之。疾不必生，徐不必死。"慢点走。快跑也不一定能活，慢走也不一定会死。

怎么样？这个"长不满六尺"的小个子在生死关头如此坦荡、如此沉着，君子风度十足，实在令人敬佩。

现在我们看看，在齐庄公被杀之后的短短几天中，晏婴的表现如何呢？

第一，这件事情本来跟晏婴没有直接关系，他可以不参与进来。但是在这样一个重大关头，虽然政局动荡，但也在洗牌，如果不参与，国家最需要你的时候，你不在，东山再起的难度就会增加。而晏婴表现更出色的是，不但参与，而且借助哭君和盟誓充分展示出自己的品格和风度。这件事情过后，其他人被百姓看不起，晏婴却让人津津乐道。

第二，在这种重大关头，如果任凭乱臣贼子胡作非为，国家将会走向何处？因此需要有人代表民意，发出警示，让乱臣贼子感受到民众的力量。而晏婴从客观上承担起了这个责任。他的话表达了民众的基本愿望：希望大臣能够忠君利社稷，希望国君能够爱国爱百姓。

第三，走在风口浪尖上，并保持君子风度活下来，不得不说这位奇人的胆略过人。那么晏婴为什么会有惊无险呢？这就像炒股一样，在有技术面的同时，更重要的是还要有基本面作为保障。首先，晏婴的技术面非常好，有清醒的大脑和卓越的口才，他客观中立，说出的话既有个性又入情入理，所以减少了很多风险。但是在必须坚守原则的重大关头，还必须靠基本面。晏婴经过长期修炼，被誉为齐国的大贤人，因此深得人心，即使敢弑君的崔杼要杀他，也有所顾忌，怕杀了他会激起民愤。所以，晏婴能在劫难中活下来的根本原因还是深得民心。

那么晏婴这几天行动的效果如何呢？不久之后，这位奇人重返齐国政坛，开始辅佐他人生中的第三位国君——齐景公，最终成为中国历史上的一位奇相。那么，晏婴是如何从一个奇人逐渐成为奇相的呢？

下篇继续讲述。

【原文摘编】

《史记·管晏列传》（节选）

晏平仲婴者，莱之夷维人也。事齐灵公、庄公、景公，以节俭力行重于齐。既相齐，食不重肉，妾不衣帛。其在朝，君语及之，即危言；语不及之，即危行。国有道，即顺命；无道，即衡命。以此三世显名于诸侯。……

晏子为齐相，出，其御之妻从门间而窥其夫。其夫为相御，拥大盖，策驷马，意气扬扬，甚自得也。既而归，其妻请去。夫问其故。妻曰：“晏子长不满六尺，身相齐国，名显诸侯。今者妾观其出，志念深矣，常有以自下者。今子长八尺，乃为人仆御，然子之意自以为足，妾是以求去也。”其后夫自抑损。晏子怪而问之，御以实对。晏子荐以为大夫。

太史公曰：……方晏子伏庄公尸哭之，成礼然后去，岂所谓“见义不为无勇”者邪？至其谏说，犯君之颜，此所谓“进思尽忠，退思补过”者哉！假令晏子而在，余虽为之执鞭，所忻慕焉。

《晏子春秋·内篇杂下》

灵公禁妇人为丈夫饰不止晏子请先内勿服第一

灵公好妇人而丈夫饰者，国人尽服之。公使吏禁之，曰：“女子而男子饰者，裂其衣，断其带。”裂衣断带相望而不止。

晏子见，公问曰：“寡人使吏禁女子而男子饰者，裂断其衣带，相望而不止者，何也？”

晏子对曰：“君使服之于内，而禁之于外，犹悬牛首于门，而卖马肉于内也。公何以不使内勿服，则外莫敢为也。”

公曰：“善。”使内勿服，不逾月，而国人莫之服。

《晏子春秋·内篇杂上》

庄公不说晏子晏子坐地讼公而归第一

晏子臣于庄公，公不说。饮酒，令召晏子。晏子至，入门，公令乐人奏歌曰：“已哉已哉，寡人不能说也，尔何来为？”

晏子入坐，乐人三奏，然后知其谓己也。遂起，北面坐地。公曰：“夫子从席，曷为坐地？”

晏子对曰：“婴闻讼夫坐地。今婴将与君讼，敢毋坐地乎？婴闻之，众而无义、强而无礼、好勇而恶贤者，祸必及其身。若公者之谓矣。且婴言不用，愿请身去。”遂趋而归，管籥其家者纳之公，财在外者斥之市。曰：“君子有力于民，则进爵禄，不辞贵富。无力于民，而旅食，不恶贫贱。”遂徒行而东，耕于海滨。居数年，果有崔杼之难。

《史记·齐太公世家》（节选）

六年。初，棠公妻好，棠公死，崔杼取之。庄公通之，数如崔氏，以崔杼之冠赐人。侍者曰：“不可。”崔杼怒，因其伐晋，欲与晋合谋袭齐而不得闲。庄公尝笞宦者贾举，贾举复侍，为崔杼闲公以报怨。五月，莒子朝齐，齐以甲戌飨之。崔杼称病不视事。乙亥，公问崔杼病，遂从崔杼妻。崔杼妻入室，与崔杼自闭户不出，公拥柱而歌。宦者贾举遮公从官而入，闭门，崔杼之徒持兵从中起。公登台而请解，不许；请盟，不许；请自杀于庙，不许。皆曰：“君之臣杼疾病，不能听命。近于公宫。陪臣争趣有淫者，不知二命。”公逾墙，射中公股，公反坠，遂弑之。晏婴立崔杼门外，曰：“君为社稷死则死之，为社稷亡则亡之。若为己死己亡，非其私昵，谁敢任之！”门开而入，枕公尸而哭，三踊而出。人谓崔杼：“必杀之。”崔杼曰：“民之望也，舍之得民。”

丁丑，崔杼立庄公异母弟杵臼，是为景公。景公母，鲁叔孙宣伯女也。景公立，以崔杼为右相，庆封为左相。二相恐乱起，乃与国人盟曰：“不与崔庆者死！”晏子仰天曰：“婴所不获，唯忠于君利社稷者是从！”不肯盟。庆封欲杀晏子，崔杼曰：“忠臣也，舍之。”齐太史书曰“崔杼弑庄公”，崔杼杀之。其弟复书，崔杼复杀之。少弟复书，崔杼乃舍之。

《晏子春秋·内篇杂上》

庄公不用晏子晏子致邑而退后有崔氏之祸第二

晏子为庄公臣，言大用，每朝赐爵益邑。俄而不用，每朝致邑与爵。爵邑尽，退朝而乘，喟然而叹，终而笑。其仆曰：“何叹笑相从数也？”

晏子曰：“吾叹也，哀吾君不免于难。吾笑也，喜吾自得也，吾亦无死矣。”崔杼果弑庄公，晏子立崔杼之门。从者曰：“死乎？”晏子曰：“独吾君也乎哉，吾死也？”曰：“行乎？”曰：“独吾罪也乎哉，吾亡也？”曰：“归乎？”曰：“吾君死，安归？君民者，岂以陵民，社稷是主。臣君者，岂为其口实，社稷是养。故君为社稷死则死之，为社稷亡则亡之。若君为己死而为己亡，非其私昵，孰能任之。且人有君而弑之，吾焉得死之？而焉得亡之？将庸何归？”门启而入，崔子曰：“子何不死？子何不死？”

晏子曰：“祸始吾不在也，祸终吾不知也，吾何为死？且吾闻之，以亡为行者不足以存君，以死为义者不足以立功。婴岂婢子也哉，其缢而从之也？”遂袒免坐，枕君尸而哭，兴，三踊而出。人谓崔子必杀之，崔子曰：“民之望也，舍之得民。”

《晏子春秋·内篇杂上》

崔庆劫齐将军大夫盟晏子不与第三

崔杼既弑庄公而立景公，杼与庆封相之，劫诸将军大夫及显士庶人于太宫之坎上，令无得不盟者。为坛三仞，坎其下，以甲千列环其内外，盟者皆脱剑而入。维晏子不肯，崔杼许之。有敢不盟者，戟钩其颈，剑承其心，令自盟曰：“不与崔、庆而与公室者，受其不祥。言不疾、指不至血者死。”所杀七人。次及晏子，晏子奉杯血，仰天叹曰：“呜呼！崔子为无道而弑其君，不与公室而与崔、庆者，受此不祥。”俯而饮血。

崔杼谓晏子曰：“子变子言，则齐国吾与子共之。子不变子言，戟既在脰，剑既在心，维子图之也。”

晏子曰：“劫吾以刃而失其志，非勇也。回吾以利而倍其君，非义也。崔子，子独不为夫《诗》乎！《诗》云：‘莫莫葛藟，施于条枚。恺悌君子，求福不回。’今婴且可以回而求福乎？曲刃钩之，直兵推之，婴不革矣。”

崔杼将杀之，或曰：“不可。子以子之君无道而杀之，今其臣有道之士也，又从而杀之，不可以为教矣。”崔子遂舍之。晏子曰：“若大夫为大不仁，而为小仁，焉有中乎。”趋出，援绥而乘。其仆将驰，晏子抚其手曰：“徐之。疾不必生，徐不必死，鹿生于野，命县于厨，婴命有系矣。”按之成节而后去。《诗》云：“彼己之子，舍命不渝。”晏子之谓也。

第二篇

突出重围

晏婴在齐庄公时代遭遇了他仕途上的第一次大波折，由“公职人员”变成了“平民百姓”。但是在齐庄公被杀后、齐景公继位时，晏婴有了东山再起的机会。那么，这个“长不满六尺”的小个子，这个既“抠门”又嘴直的齐国奇人，到底是在什么时候、什么样的情况下复出的呢？复出的过程是不是一帆风顺呢？

一、低调复出

齐景公即位以后，晏婴很快就复出了。

按照《左传》的记载，公元前547年，也就是齐景公即位那一年，晏婴陪同十多岁的国君出使晋国，办成了一件很棘手的大事。当时晋国囚禁了卫国的国君，齐侯、郑伯都去说情。虽然他们沟通得很热络，但似乎并没有取得实际效果，也就是晋侯没有答应放人。在这种情况下，十多岁的娃娃国君齐景公能有什么好办法呢？只能全面依靠晏婴。而晏婴私下说服了晋大夫叔向疏通晋侯，最终圆满解决了问题，使齐景公颜面生辉、得意而归。晏婴在这次出访中，结识了叔向，两个人从此成为知心朋友。

这个时候，晏婴到底是什么身份呢？应该是恢复了父亲传下来的爵位——大夫，否则没有资格作为主要成员陪国君出访。

但是爵位更像是职称和职级，不等同于具体的行政职务。这段时间，晏婴的行政职务是什么呢？史料没有记载，有专家认为他在这一时期是不主管具体政务的“应召大夫”。

为什么会这样呢？因为当时，崔杼是右相，庆封是左相，而少年齐景公被他们捏在手里。并且他们都是跟晏婴当面交过锋的，与晏婴是老对头。所以，即便齐景公想要重用晏婴，也很难通过他们这关。但是当遇到棘手的问题，其他人搞不定的时候，崔杼和庆封从权考虑，也需要用一下晏婴。

公元前 546 年，右相崔杼被比他职位低的左相庆封灭掉了。庆封打的旗号是给齐庄公报仇，所以庆封摇身一变，成了埋伏在崔杼身边的卧底，是“余则成”，是忠臣义士。于是，庆封得到了很多大臣的拥护，“独自为相”，也就是开始一个人担任国相。

但令人遗憾的是，这位“余则成”干卧底可以，真的当上国相，却很不专业。他飞扬跋扈，好酒好色，放着朝政不理，只顾着自己玩乐，做的最离谱的事情是跟家臣交换妻妾，两家同饮同眠。他没多久就惹怒了齐国人民。大家都想除掉他。

庆封既然做了很久的“卧底”，这点环境敏感性还是有的。他也觉得自己越来越孤立，所以找了个借口派人去拉拢晏婴。晏婴怎么说的呢？他说：“婴之众不足用也，知无能谋也。言弗敢出，有盟可也。”就是说，我那点人派不上用场，智慧也不足以出谋划策。不过这些话我不会泄露，这个我可以发誓。

仅过了一年时间，也就是公元前 545 年，庆封就被赶走了，庆家也被剿灭了。晏婴距离相位又近了一步。

二、急流勇退

在庆功会上，齐景公提出奖励给晏婴六十个邑。在晏婴所处的年代，齐国的制度多是管仲当国相时制定的。按照管仲规定的邑的大小，一个邑为三十户，六十个邑也就是一千八百户。一千八百户相当于多大呢？当时一个县是九千户，所以六十个邑相当于五分之一个县。

在那个年代，地盘代表着实力。但是当齐景公要把这么大的地盘奖励给晏婴的时候，晏婴拒绝了他。奇人总能做出奇怪的事情。

那么晏婴为什么不接受奖励呢？可能有如下两个原因。

第一，奖励不合理。因为在赶走庆封这件事上，晏婴并没有实际功劳，只是保持了中立和低调的态度。既然是这种情况，齐景公为什么要奖励他呢？表面上的理由可能是晏婴在四年前哭过齐庄公一回。但是哭过一回，能比那些殉难的大臣更值得表彰吗？不合理的想法往往隐藏着深层原因，以今天的思维来分析，可能是因为晏婴去晋国办成了那件困难的事情，齐景公很想重奖一下他。但当时，在崔杼和庆封的威迫下，齐景公自己还活得提心吊胆，奖励晏婴就更加力不从心了。这回好了，娃娃国君想来个猛的。

第二，国君很稚嫩，但晏婴是成熟的。他之所以拒绝，除了无功不受禄，还因为他有独特的财富观。当时有人问他：“富，人之所欲也，何独弗欲?”（《左传》）富贵是人人都想要的，为什么唯独您不想要呢？晏婴是怎么回答的呢？他说：“庆家的封地让人看起来动心，所以他被人消灭了。我的封地本来不让人眼红，但加上这六十个邑，那就足够让人眼红了，那我离逃亡的日子就不远了。如果逃亡在外，我一个邑都管不了啊。我不接受奖励不是我讨厌富贵，而是怕失去富贵而已。”随后，晏婴发表了他一生中非常重要的“幅利论”，这一理论可以称作穿越古今的财富密码，对今天的生活仍有重要参考价值。关于这个话题，我们会在后面的篇章中进行解读。

现在，我们还是回到问题的核心，晏婴这次当没当上国相？

晏婴这一次的确走进了齐国的权力中心，但职务仍然不是国相。为什么？

在晏婴推辞不接受齐景公奖励的时候，另外一个人接受了，这个人也是齐国的重臣。他先给了国君面子，接受之后又还给齐景公，给了国君“里子”，可比晏婴圆滑多了。“公以为忠，故有宠”（《左传》），因此这个人成了上卿。既然国君最宠爱的人是上卿，那么晏婴被授予中卿则是正常的安排。

据《晏子春秋》可知，晏婴曾“位为中卿”。同朝为官的大夫田无宇看见晏婴的老婆头发斑白，穿得很朴素，就问晏婴：“位为中卿，食田七十万，何以老妻为?”既然晏婴的老婆头发斑白，说明她年纪不小，也就说明晏婴的年纪应当也不小了。这说明晏婴在年纪不小的时候还是中卿。

但是就在此后不久，吴国公子季札来齐国访问了。这个人可谓才华横溢，品德高尚，素有贤名。有人甚至说他是孔子的老师，将他与孔子称为“南季北孔”，称季札为“南方第一圣人”。关于季札，《左传》主要记载了他的两件事情：一是在吴王去世的时候，大家想立他为国君，他抛弃家室到乡下种田，以表明坚决推辞的决心；二是他作为使节到鲁国、齐国、郑国、卫国、晋国，一路上点评音乐、舞蹈，预言国家大事，好不风光！

季札来到齐国，很喜欢晏婴。他在这个时候说的一句话很关键，对晏婴的政治生涯造成了很大影响。他说：“子速纳邑与政！无邑无政，乃免于难。”（《左传》）意思是，你赶紧把封邑和权力交还回去，没有封邑，没有权力，你才能免于灾祸。

季札为什么这样说呢?

随着崔杼和庆封的垮台，齐国政治进入了一个平衡时代，也就是各派力量旗鼓相当，所以无法决出最具威信或者最有实力的人物主持大局。当时的主要力量有七家，实力最小但名声最好的是晏婴这家。恰巧在春秋后期，社会矛盾逐渐由诸侯争霸过渡到大夫争权，所以季札认为像齐国这样，各派政治势力达于简单平衡，一定会逐渐出现矛盾、摩擦、冲突，最后的结局多是一方灭掉另一方。那么晏婴作为实力最弱的一方，走进这个漩涡非常危险，很容易卷入纷争，更容易成为权力斗争的牺牲品。怎么办？应该急流勇退！

季札的这些话可信吗？这是不是吴国削弱齐国的一个阴谋呢？这是不是季札不了解情况的危言耸听呢？信，虽然远离危险，但失去了政治前途；不信，一旦不免于难，再大的抱负也会化成泡影。这位“长不满六尺”、敢于“坐地讼公”、在“哭庄”大戏中表现出非凡胆略的奇人，会不会相信这些话呢？作为后人的我们是希望他坚定不移地在残酷斗争中勇往直前地走上相位，还是希望他能够暂时避避风头呢？毕竟“留得青山在，不怕没柴烧”呀！下面我们看看晏婴的选择吧。

晏婴的选择是——信！

为什么他会相信季札的话？他选择相信可能有以下三个原因：

其一，季札为人值得信任，这是所有信任的基础。季札的贤名，当时的地球人都知道。

其二，季札谈到的问题恰是晏婴所担心的，两个人的对话是在相同层面上的。晏婴身为齐国高官，又身在局中，怎么可能感受不到这种压力？人们多羡慕这个小个子取得的成就，却很少能明白他的忧患。

其三，季札的对策正中晏婴下怀。虽然晏婴胆略非凡，但胆其实是建立在略的基础上的。当看不准或者没办法的时候，走为上策！

于是，晏婴找到齐景公辞职退地。

晏婴之前已经推辞掉奖励的六十个邑，现在竟然还要退还已在名下的土地。他刚刚回到权位高点，马上就要辞职。齐景公当然不同意。不同意怎么办呢？此路不通，绕路而行。因多次辞职不成，晏婴便找同在卿位的田无宇帮忙，终于通过他把封邑和爵位退掉了。于是，晏婴的职业轨迹就像股市大盘一样，再一次走到拐点，调头向下，不知何处是底。

晏婴还能回来吗？如果能，他是怎么回来的？

三、样板工程

晏婴是在公元前544年辞职的。辞职归辞职，齐景公还是想用他。既然“中央”工作不愿意干，能不能去地方做点事情？于是，“景公使晏子为东阿宰”，也就是派晏婴去治理东阿地区。令人想不到的是，这位连朝廷大臣都不想做的人，居然接受了。

如果从现代职场的观念看，晏婴的选择非常明智。为什么？

晏婴出生在大夫家庭，生活富裕，虽然社会地位高，但没有基层工作经验，政绩还不足以服众。虽然他乐于助人，虽然他敢于“坐地讼公”、敢演“哭庄”大戏，虽然他出使晋国解决了一个棘手的问题，但这些还不足以说明他可以担任国相。所以晏婴也需要到基层锻炼一下，搞一个样板工程，让人们知道他有治理能力。

那么晏婴治理好东阿地区了吗？

实际结果是“三年而毁闻于国。景公不说，召而免之”。三年下来，晏婴的名声变得很臭，上下都在骂他。齐景公很不高兴，把晏婴召回来，打算罢免他。

这个结果有些出乎意料，晏婴这么有智慧，怎么会连一个小地方都治理不好？难道晏婴是个只会动口、不会动手的空谈家吗？

晏婴知道，在这个时候，任何解释都是徒劳的。所以他说：“我知道我的过错了，请再给我三年时间，我一定载誉而归。”

齐景公看到这个得理不饶人的小个子突然陷入如此被动的境地，以前都是他批评别人，现在轮到别人批评他，好一个牛人落魄，“景公不忍，复使治阿”。齐景公同意再给他三年时间。而这三年过去，结果又如何呢？

这一回，晏婴来了个咸鱼大翻身，誉满全国，大受赞扬。齐景公非常高兴，打算重赏晏婴。

但晏婴又拒绝了。晏婴这一次拒绝是为什么呢？

晏婴的一生是不断拒绝的一生，其中包括拒绝国君给予的各种奖励。他每次拒绝都能讲出一套道理。晏婴这一次会讲什么道理呢？

晏婴说，我第一次治理东阿的时候，修整道路，加强治安管理，所以邪恶的人讨厌我。举荐生活节俭、勤勉工作、孝顺父母、敬爱兄长的人，惩罚不守礼法、行为懒惰的人，所以懒惰的人讨厌我。秉公办案，不回避权贵豪强，所以权贵豪强都讨厌我。左右随从有求于我，符合规定的，我就办；不符合规定的，我就不办，所以左右随从也讨厌我。接待达官贵人都不超标，所以达官贵人也讨厌我。所以您听到人们都在骂我。第二次去的时候，我谨慎地更改了管理办法，因为不打击、不限制，邪恶的人高兴了，懒惰的人高兴了，权贵豪强也高兴了，左右随从、达官贵人都高兴了，所以您就听到人们都在说我的好话。过去我做的受到惩罚的事实际应该受到奖赏，现在做的将要受到奖赏的事实际应该受到惩罚，所以我不敢接受您的赏赐。

我们可以想象齐景公听完这些话后的表情。我们平时看到的现象，也可能与本质背道而驰！问题如此具体，道理如此透彻，齐景公真切感受到了晏婴的智慧！于是，他以国君的方式表达了对晏婴的信服。“景公知晏子贤，乃任以国政，三年而齐大兴。”

这个故事叫“晏子再治阿”，见于《晏子春秋》。如果把《左传》和《晏子春秋》参照起来进行推算，这个故事应该发生在公元前544年至公元前539年，即晏婴沉寂的六年间。这里有四个字叫“任以国政”，所以有学者认为晏婴在再治东阿之后，就被任命为国相了。这种观点成立的可能性有多大呢？

四、走上相位

如果按照理性的分析，晏婴这次返回朝廷，没有当上国相，仍是权力中心的大臣之一，只是负责一些更重要的政务而已。为什么这样说呢？

公元前539年，距离齐国各派政治势力大火拼还有八年之久，也就是说各派政治势力仍然处在温和摩擦阶段，但他们之间的深层矛盾并没有因为晏婴去东阿而缓和或消除，反而越来越激烈。也就是说，晏婴并没有脱离那个曾经不惜辞职想要回避的风险。齐景公在这个时候突然把晏婴提拔起来，把他放在互相牵制、互相角逐的几大家族的头顶上，会让晏婴立即成为众矢之的。晏婴恐怕是不会干这种傻事的。

但是晏婴既然敢回到朝廷，做比原来更重要的工作，说明他已经有了底气和对策。经过六年的修炼，他沉下来了，找到了问题的解决之道。六年前，晏婴以退守的方法躲避风险；六年后，晏婴则以参与的方式争取主动！

晏婴经得起诱惑，耐得住寂寞，又等待了八年！

公元前532年，各大家族开始火拼。火拼的原因很简单，经过十多年的时间，各大家族的实力发生了变化，于是产生了打破旧平衡的需要。六大家族中，除去沦落和逍遥的两家，还剩下四家——子良、子旗、田家、鲍家参与竞争。子良和子旗两家为一派，势力不断扩大，已经强于田家和鲍家这一派了。在这种情况下，子良和子旗很难再像从前那样尊重和忌惮对方了，彼此从暗斗转为明争。终于，在某月的某一天，田家和鲍家同时接到了一条密报，你家摊上事儿了，子良和子旗马上要来攻打你们了。

田家是外来户，所以处事谨慎低调；鲍家是鲍叔牙的后代，为人厚道。不到关键时刻，这两只老虎是不吃人的。但是即将被人杀上门来，他们也不可能坐以待毙，所以赶紧集合队伍、下发武器。

其实，这是一场误会。子良和子旗正在一起喝酒，正从豪言壮语过渡到胡言乱语，根本没想到自己酒桌上的胡言乱语已经刺激对方做出了反击行动。误会之所以被当真，是因为存在潜在矛盾。尽管很快就知道是虚惊一场，但田家主人田无宇，就是十四年前帮助晏婴辞职退地的那位，则将错就错，拉上鲍家开始了“自卫反击”。

两派都是能干的人，大战之际，他们都想到了同一件事，就是挟持国君。子良和子旗率先攻打齐景公寝宫的南门，而田家和鲍家随后赶到，与子良、子旗对峙。

晏婴在这个时候会做什么？这是一个非常关键的时刻。他选择走中间路线，就是坚定地支持齐景公，走四大家族皆不帮的中间路线。

这个时候，“晏平仲端委立于虎门之外”（《左传》），就是穿着朝服把守在南门外。说实话，这个动作太酷了！你们都带着兵器，而我穿着朝服。面对朝服，你们敢轻举妄动吗？你们真的以为刀剑可以胜过礼义吗？

四大家族都怕落个叛国罪名，这个时候，谁都不敢动手，都想召唤晏婴过去商谈，而晏婴哪家也不去。

他的随从问：“我们要帮助田家和鲍家吗？”

晏婴说：“他们有什么值得我们帮助的地方吗？”

随从又问：“我们要帮助子良和子旗吗？”

晏婴说：“他们有哪一点比田家和鲍家强吗？”

随从又问：“那我们回去吧？”

晏婴说：“国君面临危险，不保护国君，我们回哪里去？”

这个时候，齐景公召唤晏婴。晏婴进入寝宫，安排好保卫国君的事情。齐景公安全了，现在就等两大派系 PK 出一个结果。

结果很快就有了。两大派系在齐都郊外进行了决战，子良、子旗两家战败。这个时候，田家和鲍家想瓜分他们的家产，被晏婴在关键时刻拦住了。

“不可以！”

“为什么呢？”田无宇问。

晏婴说：“国君不能依法整治，导致群臣专权，这是祸乱的根本所在。现在你们想瓜分他们的家产，同样不合法制。所以，一定要把他们的家产交给国君，这是规矩。‘廉者，政之本也；让者，德之主也。’子旗和子良两家不懂谦让，所以才遭此灾祸，这还不值得你谨慎对待吗？争夺之人可能争来很多灾难，谦让之人不会失去自己的福分，我劝你还是别拿人家的东西。”

这套说法与他十多年前推辞不接受那六十个邑奖赏的说法基本一致。田家主人田无宇目睹了这套说法的实际效果。晏婴不断谦让，不但没有衰落下去，反而逐渐成为齐国政治的中流砥柱。有舍才有得，大师就在身边，看不见那叫有眼无珠！

田无宇这下服了，不仅把土地财物交给了齐景公，还提出辞去要职，完全是晏婴的套路。相反，鲍家把该分的分了，把想拿的拿了，没有想到交还齐景公这事儿。于是，齐国的政局发生了巨大变化。齐景公得到了更大地盘，实力迅速增强，根基变得更加牢固。此时，齐国大臣们的力量如何呢？这个时候，齐国主要有如下一些家族：远离是非的国氏、礼让谦退的田家、保守实惠的鲍家，还有深得人心——既维护了国君又振兴了齐国的晏家。在这种情况下，晏婴已经没有障碍，顺理成章地走上了相位，从各派势力的牵制中成功突围。按照这一思路推断，晏婴应该是在公元前 532 年开始担任齐国国相的。小说《东周列国志》以演义的方式验证了这一说法。

其实，晏婴从政的道路是几经坎坷、跌宕起伏的。他在担任国相以后，还过了一段长达七年的“下野”生活，并且是他主动提出的。后来，他又因齐景公恳请出山而再任国相。这样算来，他一生中竟有三次辞职和三次复出。为什么晏婴总能在沉寂之后东山再起呢？这中间到底有什么力量一定要把晏婴推向前台呢？

下篇继续讲述。

【原文摘编】

《左传·襄公二十六年》（节选）

秋七月，齐侯、郑伯为卫侯故如晋，晋侯兼享之。晋侯赋《嘉乐》。国景子相齐侯，赋《蓼萧》。子展相郑伯，赋《缁衣》。叔向命晋侯拜二君，曰：“寡君敢拜齐君之安我先君之宗祧也，敢拜郑君之不贰也。”国子使晏平仲私于叔向，曰：“晋君宣其明德于诸侯，恤其患而补其阙，正其违而治其烦，所以为盟主也。今为臣执君，若之何？”叔向告赵文子，文子以告晋侯。晋侯言卫侯之罪，使叔向告二君。国子赋《辔之柔矣》，子展赋《将仲子兮》，晋侯乃许归卫侯。

《左传·襄公二十八年》（节选）

齐庆封好田而耆酒，与庆舍政，则以其内实迁于卢蒲嫳氏，易内而饮酒。……使析归父告晏平仲。平仲曰：“婴之众不足用也，知无能谋也。言弗敢出，有盟可也。”……

崔氏之乱，丧群公子，故鉏在鲁，叔孙还在燕，贾在句渎之丘。及庆氏亡，皆召之，具其器用，而反其邑焉。与晏子邶殿其鄙六十，弗受。子尾曰：“富，人之所欲也，何独弗欲？”对曰：“庆氏之邑足欲，故亡。吾邑不足欲也，益之以邶殿，乃足欲。足欲，亡无日矣。在外，不得宰吾一邑。不受邶殿，非恶富也，恐失富也。且夫富，如布帛之有幅焉。为之制度，使无迁也。夫民，生厚而用利，于是乎正德以幅之，

使无黜嫚，谓之幅利。利过则为败。吾不敢贪多，所谓幅也。”与北郭佐邑六十，受之。与子雅邑，辞多受少。与子尾邑，受而稍致之。公以为忠，故有宠。

《晏子春秋·内篇杂上》

晏子再治阿而信见景公任以国政第四

景公使晏子为东阿宰，三年而毁闻于国。景公不说，召而免之。

晏子谢曰：“婴知婴之过矣，请复治阿三年，而誉必闻于国。”景公不忍，复使治阿，三年而誉闻于国。景公说，召而赏之。辞而不受。景公问其故，对曰：“昔者婴之治阿也，筑蹊径，急门闾之政，而淫民恶之。举俭力孝弟，罚偷窳，而惰民恶之。决狱不避贵强，而贵强恶之。左右所求，法则予，非法则否，而左右恶之。事贵人体不过礼，而贵人恶之。是以三邪毁乎外，二谗毁乎内，三年而毁闻乎君也。今臣谨更之，不筑蹊径而缓门闾之政，而淫民说。不举俭力孝弟，不罚偷窳，而惰民说。决狱阿贵强，而贵强说。左右所求言诺，而左右说。事贵人体过礼，而贵人说。是以三邪誉乎外，二谗誉乎内，三年而誉闻于君也。昔者婴之所以当诛者宜赏，而今之所以当赏者宜诛，是故不敢受。”

景公知晏子贤，乃任以国政，三年而齐大兴。

《晏子春秋·内篇杂下》

田无宇胜栾氏高氏欲分其家晏子使致之公第十四

栾氏、高氏欲逐田氏、鲍氏，田氏、鲍氏先知而遂攻之。高彊曰：“先得君，田、鲍安往。”遂攻虎门。二家召晏子，晏子无所从也。从者曰：“何为不助田、鲍？”晏子曰：“何善焉，其助之也。”“何为不助栾、高？”曰：“庸愈于彼乎？”门开，公召而入。栾、高不胜而出，田桓子欲分其家，以告晏子。

晏子曰："不可。君不能饬法，而群臣专制，乱之本也。今又欲分其家，利其货，是非制也。子必致之公。且婴闻之，廉者，政之本也；让者，德之主也。栾、高不让，以至此祸，可毋慎乎。廉之谓公正，让之谓保德。凡有血气者，皆有争心。怨利生孽，维义为可以长存。且分争者不胜其祸，辞让者不失其福，子必勿取。"

桓子曰："善。"尽致之公，而请老于剧。

第三篇

以民为本

中国古代很早就形成了“民本”思想。但晏婴对这一思想形成做出的贡献被人们忽略了。所以我们需要从头做一次梳理。

一、国相的房子不见了

公元前539年春天，晏婴出使晋国归来，遇见了一件奇怪的事情——自己家的房子不见了。

怎么回事？什么人这么霸道？大臣的房子都敢强拆？

结果一问，这个拆房子的人的确太霸道了。拆房子的人到底是谁呢？国君齐景公！

齐景公为什么要拆晏婴的房子呢？他并不是想弄得晏婴无家可归，相反是在原地建了一座豪宅，以改善晏婴的居住条件。在晏婴出访期间，齐景公不声不响地把这事儿办了，是想给晏婴一个惊喜。可惜，惊倒是惊了，喜却没有。

为什么呢？因为齐景公为了给晏婴建大房子，让邻居都搬到其他地方去了。在这种情况下，晏婴怎么办呢？他也没客气，立即把新房拆了，恢复成了以前的样子，把邻居都请了回来。

晏婴的做法让齐景公很生气。齐景公说，为什么这样做？给我理由。

晏婴呢，先是客套了几句，然后说：“下臣我贪婪顽劣、喜欢大房子的缺点，连国君您都知道了，于是提高了我的住房待遇，这回我的罪过大了。”

先承认自己有过错，态度很诚恳。接下来，他说："前辈们说过，不图卜个好宅基，只图卜个好邻居。我这些邻居，他们的前辈经过占卜，今天与下臣为邻，他们觉得很吉利。现在，我怎么可以废了他们前辈的占卜呢？为了扩大我的房子，而违背邻居的心意，我可不愿意这么做！"然后晏婴就软磨硬泡，并且通过大臣田无宇帮忙做工作，最终取得了齐景公的谅解。

其实，齐景公一直想给晏婴解决住房问题，但晏婴很固执，无论齐景公怎么动员，晏婴的态度就是不变，一不搬家，二不扩建。齐景公甚至想为晏婴在宫内修建居室，条件又好，"上班"又近，晏婴还是拒绝。于是齐景公就纳闷了。晏婴住的地方仿佛是棚户区，地势低洼，房子窄小，灰尘多，环境差。他为什么不愿意换个干爽开阔的地方住呢？

晏婴的确是位奇人，他给出的理由也出乎齐景公的意料。他说："我住在这里离市场近，买东西方便。"

身为朝廷重臣，用得着自己去逛市场买东西吗？所以齐景公一听就笑了，好玩好玩，于是接着话茬往下问："你住的地方既然离市场近，那么应该知道什么贵什么贱吧？"

晏婴回答："既然得利于此，怎么会不知道呢？"看来晏婴是胸有成竹。

但齐景公不信，偏要打破砂锅问到底："到底什么贵什么贱呢？"

晏婴的回答是："踊贵而屦贱。"踊是假肢，屦就是鞋。"踊贵而屦贱"就是假肢贵而鞋便宜。

为什么假肢会贵呢？当然是供求关系决定的。因为周朝有一种重刑叫"刖足"，就是砍脚，而齐景公很喜欢使用这种重刑，砍了很多人的脚，所以假肢供不应求。

齐景公为什么会刖了那么多人的足呢？

当时国家开支巨大，导致赋税征收比例高达百姓收入的三分之二，为了推行重税，所以采取重刑，交不上就砍脚！再加上齐景公随意任性，滥用刑罚，对犯小错误的人也会采取刖足的惩罚。所以，那个年代的“失足”名副其实就是犯错误的代名词。

总之，那是个等级差异巨大的社会，普通人的权益很难得到保障。

当然，齐景公也有他的可贵之处。他听到这里，面露哀伤悲悯之色，想想这都是自己做的孽，顿生善念，于是下令减省刑罚，给百姓提供一个宽松的生存环境。结果，齐国人民的幸福指数得到了提高，而晏婴也非常巧妙地让齐景公接受了他以民为本的思想。

二、以民为本的出处

大家都非常熟悉“以民为本”这句话，“熟悉”到都不知道是谁说的了。据笔者考察，如此标准的阐述，也就是一字不差的原话，最早出于记载晏婴言行的著作——《晏子春秋》。以民为本是晏婴执政的根本原则、核心主张。“以民为本”这句话在中国历史上的影响是巨大的，是民本思想的经典表述之一。所以，我们需要整理一下晏婴说这句话的时间、地点及其付诸实践的具体行动等。

这件事也跟出国访问有关。

晏婴在出使晋国的时候，跟晋国的一位大夫——叔向成了知心朋友。叔向也是春秋名臣，在《左传》中的出镜率比晏婴还要高一些。叔向曾经问晏婴：“假如社会乱得不讲道理，君王荒诞、不讲仁义，在这种情况下，如果行为正直，就会被排挤出局，就等于抛弃百姓；如果委曲求全，虽然保住了职务，但世道就乱了。我是应该行为正直而抛弃百姓，还是应该照料百姓而不顾事理呢？我该做何选择呢？”

矛盾啊，纠结啊，困惑啊。说真话有危险，但又不愿意说假话；做正直的人容易得罪人，但又不愿意做奸诈狡猾的人，相信很多人都有这种感觉。尤其是当整个大环境遭到污染，堕落成为一种潮流之后，社会就会变成一个烂泥塘，人人身上都会沾着泥水，正义反而显得另类，脆弱得如同豆芽菜。这种时候想要坚守，就会变得困难重重。但是晏婴是不是这样看呢？

果然，奇人就是奇人，晏婴是这样回答的：“卑而不失尊、曲而不失正者，以民为本也。”（《晏子春秋》）地位卑下而不失去尊贵的品德，委曲求全而不失去正直的信念，关键在于以民为本。虽然晏婴在这里提到以民为本，但没有说透，所以下一句话很关键！“苟持民矣，安有遗道。苟遗民矣，安有正行焉。”（《晏子春秋》）如果保全了百姓，哪里会失去道义！如果抛弃了百姓，哪里谈得上正直！这句话是说一切以百姓的利益为判断依据，这样说就到位了。

实际上，以民为本是国相晏婴的核心主张。他在几十年的职业生涯中，讲得最多的就是爱民、安民、乐民、富民。正因如此，晏婴非常受民众的拥戴，并辅佐齐景公开创了齐国历史上的第三个盛世。这也是他能东山再起的主要原因。但是以民为本是怎么来的呢？首先我们得找到它的“妈妈”。

其实，以民为本的“妈妈”就是我们非常熟悉的重要思想——以人为本。以人为本、以民为本都是重大的社会命题。这两个命题是一对“母子”，它们的出现将要打破的是以神为本、以君为本、以官为本。关于这个问题，我们从两个方面讲述。

第一方面，以人为本是以民为本的“妈妈”。

也就是说，不管身份地位如何，不管是君臣、父子、夫妻、学友、战友，还是八竿子打不着的关系，只要是人类活动，就应该遵循以人为本，也就是把人看成最重要的，充分尊重人性。所以，以人为本是极具包容性的“妈妈”。如果没有了这位“妈妈”，以民为本就容易跑偏。比如商纣王残暴凶狠，动不动就对百姓施以刑罚，致使百姓怨恨、诸侯离异，最终为周武王所灭。在当今的现实生活中，有些父母在教育孩子时，有时采用比较过激的方式，忽视了孩子作为人的尊严和情感，自然会引发孩子的叛逆心理。

所以晏婴首先非常强调以人为本。

当时的齐景公出于君主意识，再加上性格原因，表现得非常任性，常做一些违背人性的事情，甚至随意杀人。所以晏婴经常进谏，把人从刀下救出来。

比如说，因为饲养人员把齐景公喜欢的马养死了，他要杀人；因为有人喝醉了撞上齐景公喜欢的槐树，他要杀人；因为农民吆喝一声吓跑了齐景公瞄准的猎物，他要杀人；因为有人不注意割了齐景公喜欢的竹子，他要杀人……齐景公经常动不动就想杀人，但是晏婴尊重生命、以人为本，及时救下了不少人。

下面这件事情，说起来很搞笑。据《晏子春秋》记载，“景公盖姣”，也就是齐景公长得很好看，仿佛是20世纪的奶油小生、现代的小鲜肉。有一位官员，官名叫“羽人”，是负责征收羽毛、提供饰品的。这个人应该很懂审美。他两眼直勾勾地打量齐景公，看得齐景公很不自在。齐景公就叫人去问：“为什么盯着我看个没完？”

那么羽人是怎么说的呢？他说：“反正我说了是死，不说也是死，我是在偷偷欣赏国君的美貌呢。”

齐景公听到这话，鸡皮疙瘩掉了一地，竟敢对寡人动色心！杀了他！

齐景公想杀羽人还是有一定道理的。

在齐景公想要杀人时，晏婴及时出现了。他对齐景公说：“我听说惩罚别人的内心向往是不合道义的，别人只是活动了一下心、眼；厌恶别人的爱意是不吉祥的，难道您希望人人都憎恨您吗？虽然他不该如此对待您，但在法律上，罪不至死啊，找不到适用的条款呀。”

这个时候就能看出齐景公的随意和可爱了。他说：“是这样啊，那如果让他来伺候寡人洗澡，寡人就只能让他扶我的后背了。”

在春秋时期，对这种事情都可以宽容，晏婴在以人为本方面做得很到位。

第二方面，以民为本是以人为本的“子女”。

在现实社会的各种关系中，官民关系是影响执政的重要因素。在官民关系上倡导以民为本，是以人为本的具体化和角色化。所以，以民为本是“子女”，非常重要。国家不推行以民为本，难以向后延续。

三、历史可以更公道些

因为晏婴以人为本、尊重人性，所以他在为官时，也就顺理成章地把“以人为本”转化成对民众的爱护，即以民为本。晏婴在这方面的表现更加出色。

某一天，晏婴从鲁国访问归来，又遇到了一件意料之外的事情。齐景公趁他不在的时候，大兴土木，建造宫殿。当时正是隆冬腊月，天寒地冻，民工不堪劳累，家人生活艰难，到处都有冻死和饿死的人，百姓都盼着晏婴尽快回来。

晏婴终于回来了。在他汇报完工作后，齐景公请他坐下饮酒。这个时候，晏婴说：“如果国君允许的话，我想唱首歌给您听。”

唱歌？唱歌好啊！齐景公很高兴，难得国相有如此兴致。

唱什么呢？晏婴唱的是庶民之言。歌词大意是：冰冷的水浇洗着我，怎么办啊！国君让我没法活，怎么办啊！唱完，晏婴连声叹息，然后潸然泪下。

齐景公趁晏婴不在齐国的时候开工，本来就知道他会反对，想弄个生米煮成熟饭，没想到这事儿这么伤国相的心！这个“长不满六尺”的小个子一哭，立即让齐景公产生了强烈的负疚感。齐景公感觉自己欺人太甚了，于是马上拦住晏婴：“先生为什么伤心到这种地步？看来是因为我建造宫殿啊！算了算了，我马上叫停还不行吗？”

但是同样是大兴土木，换一个时间和背景，我们会发现晏婴的处理方法截然不同。

有一年，齐国闹灾荒。晏婴请求为老百姓发放粮食，但齐景公不同意。国君不同意，国相当然奈何不了。不过，问题难不倒聪慧的晏婴。当时正赶上齐景公修建路寝台，晏婴就命令官吏给雇工提高工钱，扩大营造规模，延长工期，而不催促他们。历时三年，路寝台建成了，不仅让国君很高兴，也让一部分百姓得到了救济。

虽然做法不同，一个是反对大兴土木，一个是利用大兴土木，但核心是一致的——都是为了百姓。

在以民为本方面，晏婴还有很多爱民、安民、富民、乐民的事迹和经典语句。这里摘录几句经典语句，供大家欣赏。

意莫高于爱民，行莫厚于乐民。

谋度于义者必得，事因于民者必成。

薄于身而厚于民，约于身而广于世。

节欲则民富，中听则民安。

以民为本是民本思想的经典表述方式之一，但是提出者晏婴没有得到人们应有的重视。为什么这么说呢？我们看看民本思想形成过程中的几位重要人物。

第一位，大禹。他在晏婴之前说过一句话——“民为邦本，本固邦宁”（《尚书·五子之歌》）。大禹和他的这句话有没有受到重视呢？有！他是中国人心中伟大的祖先之一。

第二位，孟子。他在晏婴之后说了一句话——“民为重，社稷次之，君为轻”（《孟子》）。孟子以及他的这句话有没有受到重视呢？有！他是中国人心中的圣贤之一。

第三位，荀子。他在孟子之后也说了一句话——“君者舟也，庶人者水也。水则载舟，水则覆舟”（《荀子·王制》）。荀子虽然不如大禹和孟子那么著名，但也是儒家的代表人物之一。并且他的这句话经唐朝名相魏徵修改（“民可载舟，亦可覆舟”）说出后，传播更广，所以也受到了相当的重视。

但是生活在大禹之后、孟子和荀子之前的晏婴，知道他的人太少了，知道“以民为本”这句话是他说的人就更少了。很多人讲民本思想形成的时候，从尧舜禹开始，直接跳到孟子和荀子，绕过晏婴，实在不够厚道。

我们在这里不妨做一个简单的比较：

在《荀子》一书中，每 384 个字出现一次“民”字。

在《孟子》一书中，每 215 个字出现一次“民”字，频率高多了。

在《晏子春秋》一书中，每 169 个字出现一次“民”字，频率更高！

这个比较不是为了说明谁高谁低，而是为了说明一个事实，即晏婴对“民”是特别重视的。其实，《晏子春秋》记载了 215 个故事，其中有三分之二涉及民生问题。但是今天大家知道晏子如此爱民吗？

以民为本作为民本思想的经典表述方式之一，胜过其他表述方式。

“以民为本”包含两层意思。第一层意思即百姓是最重要的，这是一种价值判断。“民为邦本”说的是这层意思，“民为重，社稷次之，君为轻”说的是这层意思，“民可载舟，亦可覆舟”说的也是这层意思。但“以民为本”还有第二层意思：一切从维护百姓的利益出发，就是凡事先考虑百姓。这个可以说是政治纪律或行政命令。这一层意思“民为邦本”说得不直接，“民为重，社稷次之，君为轻”说得不直接，“民可载舟，亦可覆舟”说得还是不直接，只有“以民为本”说得相对直接，所以“以民为本”更积极，更富有正能量，更容易落实到行动中。

还有，大禹和晏婴与孟子和荀子相比，谁更有条件把以民为本付诸行动并带来实际效果呢？显然是前者。

四、灾害面前见真情

晏婴在任时，做了太多为民造福的事情。在这里，我们介绍其中一件。

某年某月的某一段时间，这段时间说起来不长，仅仅十七天而已；但算起来也不短，因为这是特殊的十七天。齐国遭遇了特大洪涝灾害。

当时，天降大雨，达十七天之久。春秋时期的城乡布局、建筑水平、排洪能力、应急措施、国库储备等跟现代中国相差何止十万八千里！所以齐国已经国难当头。

既然国难当头，国君应该很着急啊，那么我们看一看国君正在做什么。

第一个镜头——国君正在举杯豪饮。饮了多久呢？据《晏子春秋》记载，齐景公是“日夜相继”，就是连轴转。遇上这么大的事儿，他是在饮酒作乐，还是在借酒浇愁？

第二个镜头——国君正在欣赏“齐国好声音”。堂中一位唱完，齐景公按了“淘汰按钮”，下令再找选手。这么大的齐国，就不信找不到一个能唱到心坎儿里的！于是多路人马出动，深入民间去招募歌手。

第三个镜头——晏婴来了。他愁眉苦脸地站在齐景公面前，深深地鞠了个躬：“国君，给百姓发点粮食吧？”齐景公一挥手：“等我喝完酒再说。”晏婴又来了，这一回瘦了很多，胡子老长：“国君，给老百姓发点粮食吧？”齐景公又一挥手：“等我把眼前的事忙完再说。”晏婴又来了，这一回一身泥水，胡子都白了：“国君，给老百姓发点粮食吧！”齐景公还是一挥手：“等我酒醒了再说。”

《晏子春秋》是这样记载的：“景公之时，霖雨十有七日。公饮酒，日夜相继。晏子请发粟于民，三请不见许。公命柏遽巡国，致能歌者。”这里的“三”其实是多次的意思。

遇上心中无民的国君，怎么办呢？晏婴此时太难了。不较真，百姓怎么办？较真，自己能活命吗？但是他前面说过，要以民为本！抛弃了百姓，还谈什么正直？所以晏婴豁出去了。他先把自己家里的粮食分给百姓，把装粮食的器具也搬到路边，谁需要谁自己拿走，然后徒步走进齐景公的“办公楼”。他满怀悲愤地说：“已经十七天啦！”

这个“长不满六尺”的小个子，水淋淋地站在大殿中央，两只鞋上沾满了泥水。而国君的身边，美女们搔首弄姿，歌手载歌载舞，刚端上桌的炖鸡还冒着热气。大家举起酒杯正准备干杯，就被晏婴这一嗓子给吓住了。怎么回事？这么大火气？整个大殿没人敢作声，第一次见国相发这么大火。

大家都停了下来，既然事情到了这步田地，晏婴也就没什么可顾忌的了。他接着说：“房子倒了的每个乡都有几十户，忍饥挨饿的每个村都有数家。老弱百姓挨冻受寒，连粗布衣服都穿不上；忍饥挨饿，连糟糠都吃不上。他们现在举步维艰，求告无门。”

说到这里，晏婴话锋一转，直接对齐景公发起飙来：“可是您不体恤救济百姓，日夜不停地饮酒，还命令各地进献歌舞乐人，马吃着仓库里的粮食，狗饱吃家畜之肉，宫里的美姬美妾都吃得精细充足。您对这些狗马姬妾是不是太优厚了？您对那些百姓是不是太苛刻了？”

晏婴说到这里时，齐景公的姬妾、弄臣等都低下了头，不敢看晏婴。那么对老百姓苛刻会有什么坏处呢？晏婴继续说：“故里穷而无告，无乐有上矣；饥饿而无告，无乐有君矣。”所以乡里百姓走投无路而求告无门，便不会乐意被君主管着；忍饥挨饿而求告无门，便不会乐意奉您为君主了。

晏婴把现象讲了、行为讲了、危害讲了，下面该讲他的决定了。晏婴这个时候能有什么决定呢？

他说：“我身为朝廷官员，却让百姓饥饿而无处求告，让君王沉迷酒乐、荒废国政而不体恤百姓，这些都是我晏婴的罪过啊！”说到这里，晏婴下身跪拜，请求辞职，快步走出宫门。

形势急转直下，齐景公没有料到，国相真的生气了。怎么办？齐景公立刻慌了手脚。他之所以这段时间敢这么逆天，就是因为有一个可以依赖的晏婴，有了这位国相，不用担心他会废君弑君，不用担心他会贪污腐败，不用担心他做事敷衍，也不用担心他能力不够。现在，晏婴真的生气了。百姓没有晏婴，齐国将会怎样？想想都觉得可怕。

虽然齐景公很可气，但他不是个糊涂虫，更不是个小气鬼。他很清楚晏婴的分量。晏婴一走，齐景公追了出来，但被泥泞的道路阻碍，没能追上。他命令驾车追赶晏婴，一直追到晏婴家里，也没追赶上。只见晏婴家的粮食都分发给了灾民，装粮食的器具摆在门前的小路上，齐景公乘车一直追到大路上才看见晏婴。这个时候，齐景公已经顾不上国君的颜面，急忙跟在晏婴的身后，说了一段让晏婴无法拒绝的话：“寡人有罪，夫子倍弃不援，寡人不足以有约也，夫子不顾社稷百姓乎？”这段话的意思是：我有罪啊，先生您抛弃我不管，因为我不值得您屈尊，但先生您会不顾国家和百姓吗？这话对别人说可能是矫情，但是对晏婴说，绝对是真情。晏婴怎么能够在这种时候放下国家和百姓呢？齐景公接着说：“希望先生能保全我，我愿意拿齐国的粮食财物救济百姓。至于分发多少和轻重缓急，全听先生您的安排。”齐景公在大路上躬身恳请晏婴留下来。于是晏婴答应返回朝廷。齐景公配合工作，主动撤销酒宴、减少肉食，不再给马吃粮食，不再给狗吃肉粥，削减了近臣的俸禄，减少了对酒徒的赏赐，大大减轻了国民的负担。

《晏子春秋》一书记载的晏婴爱民的故事还有很多。齐国民众能遇上晏婴这样一位好国相，可谓幸运。

晏婴这一辈子，推行以民为本，可谓兢兢业业，为百姓谋了太多幸福。那么他在做了这么多贡献之后，就没有想过自己吗？他有没有索取过什么呢？

下篇继续讲述。

【原文摘编】

《晏子春秋·内篇杂下》

景公欲更晏子宅晏子辞以近市得所求讽公省刑第二十一

景公欲更晏子之宅，曰："子之宅近市，湫隘嚣尘，不可以居，请更诸爽垲者。"晏子辞曰："君之先臣容焉，臣不足以嗣之，于臣侈矣。且小人近市，朝夕得所求，小人之利也，敢烦里旅。"

公笑曰："子近市，识贵贱乎？"对曰："既窃利之，敢不识乎。"公曰："何贵何贱？"是时也，公繁于刑，有鬻踊者，故对曰："踊贵而屦贱。"公愀然改容。公为是省于刑。

君子曰："仁人之言，其利博哉。晏子一言，而齐侯省刑。《诗》曰：'君子如祉，乱庶遄已。'其是之谓乎。"

《晏子春秋·内篇杂下》

景公毁晏子邻以益其宅晏子因陈桓子以辞第二十二

晏子使鲁，景公为毁其邻以益其宅。晏子反，闻之，待于郊。使人复于公曰："臣之贪顽而好大室也，乃通于君，故君大其居，臣之罪大矣。"公曰："夫子之乡恶而居小，故为夫子为之，欲夫子居之，以慊寡人也。"晏子对曰："先人有言曰：'毋卜其居，而卜其邻舍。'今得意于君者，慊其居则毋卜已。没氏之先人卜与臣邻，吉。臣可以废没氏之卜乎。夫大居而逆邻归之心，臣不愿也。请辞。"卒复其旧宅。公弗许。因陈桓子以请，乃许之。

《晏子春秋·内篇杂下》

景公欲为晏子筑室于宫内晏子称是以远之而辞第二十三

景公谓晏子曰："寡人欲朝昔相见，为夫子筑室于闺内，可乎?"晏子对曰："臣闻之，隐而显，近而结，维至贤耳。如臣者，饰其容止以待命，犹恐罪戾也。今君近之，是远之也，请辞。"

《晏子春秋·内篇问下》

叔向问处乱世其行正曲晏子对以民为本第二十一

叔向问晏子曰："世乱不遵道，上辟不用义。正行则民遗，曲行则道废。正行而遗民乎？与持民而遗道乎？此二者之于行何如?"晏子对曰："婴闻之，卑而不失尊、曲而不失正者，以民为本也。苟持民矣，安有遗道。苟遗民矣，安有正行焉。"

《晏子春秋·外篇不合经术者》

景公欲诛羽人晏子以为法不宜杀第十二

景公盖姣，有羽人视景公僭者。公谓左右曰："问之，何视寡人之僭也?"羽人对曰："言亦死，而不言亦死，窃姣公也。"公曰："合色寡人也？杀之。"晏子不时而入见曰："盖闻君有所怒羽人。"公曰："然。色寡人，故将杀之。"晏子对曰："婴闻拒欲不道，恶爱不祥。虽使色君，于法不宜杀也。"公曰："恶然乎，若使沐浴，寡人将使抱背。"

《晏子春秋·内篇谏下》

景公冬起大台之役晏子谏第五

晏子使于鲁，比其返也，景公使国人起大台之役，岁寒不已，冻馁者乡有焉，国人望晏子。

晏子至，已复事，公延坐，饮酒乐。晏子曰："君若赐臣，臣请歌之。"歌曰："庶民之言曰：'冻水洗我，若之何！太上靡散我，若之何！'”歌终，喟然叹而流涕。公就止之，曰：“夫子曷为至此？殆为大台之役夫？寡人将速罢之。”

晏子再拜。出而不言，遂如大台，执朴鞭其不务者，曰：“吾细人也，皆有盖庐，以避燥湿。今君为一台而不速成，何以为役！”国人皆曰：“晏子助天为虐。”晏子归，未至，而君出令趣罢役，车驰而人趋。

仲尼闻之，喟然叹曰：“古之善为人臣者，声名归之君，祸灾归之身。入则切磋其君之不善，出则高誉其君之德义。是以虽事惰君，能使垂衣裳朝诸侯，不敢伐其功。当此道者，其晏子是耶。”

《晏子春秋·内篇杂上》

齐饥晏子因路寝之役以振民第六

景公之时饥，晏子请为民发粟，公不许。当为路寝之台，晏子令吏重其赁，远其兆，徐其日而不趋。三年，台成而民振。故上说乎游，民足乎食。君子曰：“政则晏子欲发粟与民而已，若使不可得，则依物而偶于政。”

《晏子春秋·内篇谏上》

景公饮酒不恤天灾致能歌者晏子谏第五

景公之时，霖雨十有七日。公饮酒，日夜相继。晏子请发粟于民，三请不见许。公命柏遽巡国，致能歌者。

晏子闻之不说，遂分家粟于氓，致任器于陌，徒行见公，曰：“霖雨十有七日矣，坏室乡有数十，饥氓里有数家，百姓老弱冻寒不得短褐，饥饿不得糟糠，敝撤无走，四顾无告。而君不恤，日夜饮酒，令国致乐不已，马食府粟，狗餍刍豢，三保之妾，俱足粱肉。狗马保妾不已厚乎，民氓百姓不亦薄乎。故里穷而无告，无乐有上矣；饥饿而无告，无乐有君矣。婴奉数之策，以随百官，使民饥饿穷约而无告，使上淫湎失本而不恤，婴之罪大矣。”再拜稽首，请身而去。遂走而出。

公从之，兼于涂而不能逮。令趣驾，追晏子其家，不及。粟米尽于氓，任器存于陌，公驱及之康内。公下车从晏子曰：“寡人有罪，夫子倍弃不援，寡人不足以有约也，夫子不顾社稷百姓乎？愿夫子之幸存寡人，寡人请奉齐国之粟米财货委之百姓，多寡轻重惟夫子之令。”遂拜于途。

晏子乃返，命禀巡氓，家有布缕之本而绝食者，使有终月之委，绝本之家，使有期年之食，无委积之氓，与之薪橑，使足以毕霖雨。令柏巡氓，家室不能御者，予之金。巡求氓寡、用财乏者，死。三日而毕，后者若不用令之罪。公出舍，损肉撤酒，马不食府粟，狗不食飦肉，辟拂嗛齐，酒徒减赐。三日，吏告毕上：贫氓万七千家，用粟九十七万钟，薪橑万三千乘。坏室二千七百家，用金三千。公然后就内退食，琴瑟不张，钟鼓不陈。晏子请左右与可令歌舞足以留思虞者退之。辟拂三千，谢于下陈。人待三，士待四，出之关外也。

《左传·昭公三年》（节选）

初，景公欲更晏子之宅，曰：“子之宅近市，湫隘嚣尘，不可以居，请更诸爽垲者。”辞曰：“君之先臣容焉，臣不足以嗣之，于臣侈矣。且小人近市，朝夕得所求，小人之利也，敢烦里旅？”公笑曰：“子近市，识贵贱乎？”对曰：“既利之，敢不识乎？”公曰：“何贵？何贱？”于是景公繁于刑，有鬻踊者，故对曰：“踊贵，屦贱。”既已告于君，故与叔向语而称之。景公为是省于刑。

君子曰：“仁人之言，其利博哉！晏子一言，而齐侯省刑。《诗》曰‘君子如祉，乱庶遄已’，其是之谓乎！”

及晏子如晋，公更其宅，反，则成矣。既拜，乃毁之，而为里室，皆如其旧，则使宅人反之，曰：“谚曰：‘非宅是卜，唯邻是卜。’二三子先卜邻矣。违卜不祥。君子不犯非礼，小人不犯不祥，古之制也。吾敢违诸乎？”卒复其旧宅，公弗许；因陈桓子以请，乃许之。

第四篇

廉政先驱

前面讲到，晏婴接济了几百户贫民，但自己过得非常节俭；当国君奖赏给他六十个邑、给他偷偷建了豪宅的时候，他没有欣喜若狂，反而推辞不受；当齐国遭遇十七天连雨天灾时，他又把自己家里的粮食拿出来分发给灾民。如此种种，都说明一件事，即晏婴是一位廉政的国相。那么晏婴为什么会倡导廉政？他到底是怎样做的呢？

说起来非常遗憾，这位最明确提出并且极力推行“以民为本”的国相，为百姓造了太多的福，却很少有人了解他，甚至很多人都没有听说过他，更不要说纪念他。

其实，在历史上，晏婴是第一个明确提出“廉政”的人。他说：“廉者，政之本也。”（《晏子春秋》）也就是说，公正廉洁是执政的根本。

一、好官风需要规模化

晏婴提倡廉政，从大的方面说是社会的需要，从小的方面说是身为国相的职务需要，当然也有他自己的生存需要。

晏婴所处的齐国社会是什么状态呢？

《晏子春秋》中有大量的内容是讲晏婴犯颜直谏，也就是言辞激烈地批评国君，跟国君较真。通过这些批评，我们可以了解到当时社会的状况。

晏婴批评国君什么了呢？

总体来说，晏婴批评齐景公是“以政乱国，以行弃民”，具体表现是：

第一，齐景公这人恣意妄为，奢侈腐化。他“美饮食之具，繁钟鼓之乐，极宫室之观”，就是吃得精美、听得丰富、住得极为壮观。齐景公还经常改建宫殿，放纵享受，乐此不疲。

第二，为了维持奢侈的生活，齐景公残酷搜刮。百姓交不起赋税怎么办？简单，刖足！齐景公放纵欲望、随意杀罚，导致踊贵屦贱、夫妇皆诅。市场上假肢脱销，鞋却越卖越便宜，于是男女老少都在咒骂。

第三，齐景公“为善不用，出政不行，贤人使远，谗人反昌”。也就是做善事的人不被任用，发出的政令得不到推行，贤达之士被疏远，谗佞之人反而得势猖狂。

一国之君是这个样子，他的权贵又会怎样呢？

不得了！听听晏婴是怎么说的吧。

“内宠之妾迫夺于国，外宠之臣矫夺于鄙，执法之吏并荷百姓。”内宫受宠的妻妾在都城里巧取豪夺，在外任职的官员巧立名目进行搜刮，执法的官吏也一起苛虐百姓。并且这些人都很会隐瞒和掩饰，特别擅长蒙蔽和讨好国君，于是国君相信谗言和奸臣，使赏罚失去了公正。

这样下去会给百姓造成怎样的伤害呢？

“民愁苦约病，而奸驱尤佚。”老百姓愁苦贫病，而奸邪之人越来越富，两极分化严重，于是国家财屈力竭，老百姓倾其所有还交不起赋税，用尽全力也做不完劳役，也就是说，当时的人民生活在水深火热中。

想象一下，在这样的国家，辅佐这样的国君，如果晏婴还具有职业精神，还想当好国相，他应该怎么办呢？他首先就得独善其身。于是，我们看到一位忠于职守的国相。这位国相的行为与国君、宠臣的行为形成了巨大反差：

那一边，齐景公横征暴敛，征税比例达到百姓收入的三分之二，若百姓交不起赋税，就采取刖足的惩罚，于是在齐国随处可见拄着拐杖的

人，太多的家庭因为男人失去了劳动能力而雪上加霜，日子越过越艰难。齐景公在出游的路上，看到的风景是“死胔相望”，抬眼可见冻死、饿死的人。

这一边，晏婴每次拿到俸禄之后，都派家臣把粮食、柴草等送给贫困人家。大灾来临，晏婴冒着雨赈济灾民，把家里的粮食、器具全部拿出来分发。所以，在晏婴因受国君怀疑而出逃的时候，有人竟用自杀的方式替晏婴鸣冤。

那一边，齐景公酷爱吃鸡，又特别喜欢喝酒，日夜相继。喝醉了怎么办？一醉三天不起，不理朝政。国君吃香的、喝辣的，过的是花天酒地的生活。

而这一边，晏婴一家吃的什么呢？“脱粟之食，五卵、苔菜而已。”脱了壳的小米、五个蛋和苔菜，基本上相当于常年吃素。齐景公听说后，忍不住叹息，国相过得太寒酸了。

那一边，齐景公的宠物狗死了，不得了，那可是国君家里的狗啊！齐景公就下令让宫外的人为狗准备棺材，让宫内的人为狗准备祭品，按照国家官员的标准做墓葬。晏婴劝谏不要这么铺张，百姓现在连饭都吃不饱，孤寡老人也得不到照顾，死了都没有棺材可用。齐景公说：“小事一桩，不过是和左右臣子开玩笑取乐罢了。”晏婴说：“您这取乐花的钱可都是百姓缴纳的钱啊，您就不怕百姓怨恨？”

而这一边，晏婴反对举办豪华的葬礼，不主张把过多的财物用在死人身上。所以在他父亲去世的时候，晏婴主动降低标准来安葬父亲，把葬礼办得非常简朴。简朴到什么程度呢？他家的管家都看不下去了，给他提意见说这样的葬礼达不到大夫的标准。

那一边，齐景公饮酒，射箭助兴。一箭射出，没中。就在齐景公觉得没面子的时候，“堂上唱善，若出一口”。大堂上的人异口同声地叫好，“很给力”是吧？这些围绕在国君身边的都是什么人呢？宫女、艺佞、宠臣，甚至还有“窃国大盗”。齐景公经常被这些人吹捧得飘飘欲仙，于是大把赏赐金银，也“很给力”。

再看这一边，晏婴穿戴朴素，风尘仆仆而来。在陪齐景公巡游的时候，他一天之中就言辞激烈地给齐景公提了三次意见，弄得齐景公心情郁闷、脸色铁青，把这件不愉快的事情记了一辈子。但是因为他说的话句句在理、处处为公，齐景公也奈何不了他。

晏婴做到这个份上，已经是历史上的绝顶好官了。但是对一个国家而言，仅有一位好官不过是杯水车薪，还远远不够，所以晏婴提出并推行廉政，目的就是使好官风规模化。那么他所提倡的廉政的具体含义是什么呢？

二、既要公正也要节俭

晏婴是中国历史上第一次明确提出廉政的人。他说：“廉者，政之本也。”其实，晏婴的廉政思想在形成之前有两次重要的历史铺垫。

第一次铺垫源自赫赫有名的《周礼》。

《周礼》中有这样一句话：“一曰廉善，二曰廉能，三曰廉敬，四曰廉正，五曰廉法，六曰廉辨。”大家注意，这里提到了“廉正”，但其中的“正”是“正确”的“正”，不是“政治”的“政”。这句话提到的是善良、才能、敬业、公正、守法、明辨六个方面，所以这个“廉”近似一个“百搭”的形容词。具体指什么？指什么品格，还是指什么境界？至少在今天看来，并没有说明白。尽管没说明白，但毕竟把这些记录在了《周礼》中，而晏婴生活在东周时期的大夫家庭，从小读书，学习《周礼》是必须的。

第二次铺垫源自赫赫有名的管仲。

管仲是辅佐齐桓公成为春秋时期第一位霸主的齐国国相。我们想了解晏婴，无法回避这个人，因为他们之间有着无法割断的联系。司马迁

为他们作传时，也把他们放在同一篇章——《管晏列传》中。管仲威望极高，是晏婴的偶像。现在我们还在使用的一个四字成语——“礼义廉耻”就出自管仲之口。管仲还对“廉”字进行了解释。他说“廉不蔽恶”（《管子》）。什么意思呢？“廉”就是不掩盖过错，也就是客观公正，在为官之道上，可以引申为不营私舞弊。

在这些铺垫的基础上，晏婴明确提出了“廉政”。但是他提倡的“廉”与之前的有所不同。他在“公正”的基础上，又为“廉”注入了新的内涵。那么这个新的内涵是什么呢？就是节俭。

晏婴认为有个东西可能对廉有伤害，这个东西叫作“利”。“利”作为名词使用的时候，可以指感情，也可以指财物；作为动词使用时，可以指满足他人的情欲或者物欲。人之所以替别人掩盖过错、不客观公正，其实就是因为受到“利”的驱使和诱惑。

所以晏婴提倡的廉政已经接近我们今天所讲的“廉政”，具有公正和节俭两个基本内涵。公正主要用来约束情欲，节俭主要用来约束物欲。官员如能坚持公正和节俭，自然就远离了腐败。这就是晏婴说的“不持利以伤廉”（《晏子春秋》）。

所以——

当国君多次奖赏给晏婴土地的时候，晏婴拒绝了；

当国君因为晏婴吃得太节俭，送给他一笔钱时，晏婴拒绝了；

当国君因为晏婴住在棚户区，给他改善住房条件、建造豪宅时，晏婴拒绝了；

当国君因为晏婴坐的车又老又旧又破，送给他豪车时，晏婴拒绝了；

当国君因为晏婴穿得太朴素，送给他名贵皮草时，晏婴还是拒绝了；

当国君因为晏婴的老婆又老又丑，想把自己年轻漂亮的女儿嫁给晏

婴时，面对这个攀附国君的大好机会，面对美色诱惑，晏婴依然拒绝了。

晏婴做到这个份上，已经足够令人敬仰，但他还做了一件最为彻底的事情——裸捐。

三、中国裸捐始祖

晏婴为齐景公当国相，告老之时，提出退还封邑。退还土地和财物是晏婴的老作风了，临老也不改。

齐景公说：“自吾先君定公至今，用世多矣，齐大夫未有老辞邑者。”（《晏子春秋》）这里的定公其实是姜太公的长子齐丁公。这句话的意思是，从我的先君丁公到现在，已经历经很多代，齐国大夫没有在告老时退还封邑的。现在唯独先生您要退还封邑，这样做等于破坏国家的老规矩，抛弃了寡人，我不同意。

第一个回合下来，晏婴没有得到想要的结果。不过齐景公的这段话告诉我们一个事实，晏婴做的是一件前无古人的事情，所以他是裸捐始祖。想当始祖，却先受阻。晏婴这位口才大师这个时候打算怎样说服国君呢？

第二回合开始。晏婴说：“我听说古代侍奉君王的人，衡量自身来求取俸禄。德厚而受禄，德薄则辞禄。德行厚而接受俸禄，是为了体现君主的圣明，德行薄而退还俸禄，是为了使臣下廉洁。我现在老了，德薄无能却接受优厚的俸禄，既掩盖了君主的圣明，又玷污了臣下的品行，这是不应该的。”

这段话说完，齐景公就能同意吗？当然不能，晏婴的说法明显没有道理。为什么？如果晏婴德薄无能，那么整个齐国有史以来还有哪位国相可以算作德才兼备呢？恐怕只有一个人，齐景公想到了！是谁呢？就是前面提到的——同样当过齐国国相的管仲。这个人可以说是德高望重、功名赫赫，连晏婴都引以为榜样。

于是齐景公说：“从前，我的先君桓公因为管仲辛苦操劳国事，在他老的时候，赏赐给他三处归属之地，福泽延及他的子孙。如今先生担任我的国相，我也想给您三处归属之地，让福泽延及您的子孙，又有什么不可以的？”

齐景公的算盘是，偶像没有退还封邑，粉丝理应模仿。齐景公没有想到的是，恰恰这个比较让晏婴找到了新的理由。

第三回合开始。晏婴立即说：“当年管仲侍奉齐桓公，让他的仁义远播于诸侯，让他的恩德广施于百姓。现在我晏婴侍奉您，让齐国只跟其他国家弄了个平手，让百姓积聚了怨恨，我的罪过太多了。您现在想要赏赐我，岂不是让一个不肖的父亲为他不肖的儿子接受优厚的奖赏吗？”晏婴的理由是，我跟管仲无法相提并论，当然不能接受同等待遇。

齐景公的防守反而被晏婴利用。怎么办？只有耍赖。齐景公坚决不答应，晏婴只好先回去。

后来怎么办的呢？以晏婴的牛脾气，他是不会不了了之的。最终，他还是找了个机会把封邑交给了齐景公，同时退还了一辆马车。

晏婴这一辈子，可谓忠于职守、艰苦朴素、乐于助人。

晏婴的境界很高，只是很多人以前不了解。一旦了解了晏婴的心理特征和思想脉络，就很容易理解这位有血有肉的伟大先贤。那么，晏婴为什么要裸捐呢？这主要是因为晏婴有独特的财富观，并且他发现了一个古今不变的财富密码。

四、古今不变的财富密码

前面讲到，晏婴拒绝了齐景公奖赏的六十个邑。齐国的一位高官不理解，问晏婴：“富贵是人人都想要的，为什么唯独您不想要呢？”于是晏婴发表了他独特的财富观——“幅利论”。“幅利论”究竟讲的是什么呢？

晏婴的原话是这么说的。

他说：“且夫富，如布帛之有幅焉，为之制度，使无迁也。”（《左传》）也就是说，富贵这件事情就像布匹有幅宽一样，是一个定数，不能随意改变。

这个说法听起来很像宿命论。一个人的财富是命中注定的吗？晏婴当然不会停留在宿命论层面。接下来，他说：“夫民，生厚而用利，于是乎正德以幅之。”（《左传》）意思是，人们都想生活富裕、财用富足，那就得以端正的品德作为幅度。于是，一个看似宿命论的话题在两千五百多年前被晏婴用现实概念解密了。所谓定数是什么呢？是个人的品德。这就是穿越古今的财富密码。

那么，“幅利论”会给我们现代人带来什么启发呢？

第一，品德好、处处散发正能量的人获取财富能够有益于社会，这样的人幅度宽，理当掌握更多财富。相反，品德差、处处散发负能量的人获取过多的财富可能会危害社会，这样的人幅度窄，掌握不了太多的财富。

第二，如果财富超过了幅度，不管这个钱是怎么来的，无论是为官还是经商，极有可能在某一时间，还得把财富还回去。即使这一辈子不还，那么下一代或者再下一代可能也得还回去。比如贪官落马，比如奸商入狱，都反映了晏婴的“幅利论”。

第三，有一种普遍现象早就被中国人发现了，即“富不过三代”。其实这不是诅咒，这个说法具有非常清晰的逻辑，也分两种情况。

第一种情况：财富来路正。一位创业成功、跻身富豪行列的父亲，可能有足够大的幅度，当他把财产向下传递的时候，儿子或者孙子还有创业父亲这么大的幅度吗？这就很困难了。因为创业父亲的境界太高了，儿孙无法相比，驾驭不了那么多财富，所以超过幅度的部分总会以某种形式还给社会。尤其是如果子孙娇生惯养、品德不端、为富不仁，财富反而会变成凶器。所以，想要把财富传下去，必须从晏婴说的“正德以幅”出发，也就是首先把优良品德传下去。

第二种情况：财富来路不正。来路不正的财富本身就不正当，子孙在这种环境下成长，很容易吸收一身的负能量并受到不良影响，可能会做出坑蒙拐骗、巧取豪夺的事情。所以这种财富其实不是财富，而是祸患。把来路不正的财富传给后代，其实就是把祸患传给后代，是在贻害子孙。

所以晏婴说：“岂以其不肖父为不肖子厚受赏？”（《晏子春秋》）这其实是对“幅利论”的一种诠释。晏婴自称为“不肖父”，也就是认为自己的德行薄，不足以接受优厚的奖赏，这是一种自谦。而他认为自己的儿子是“不肖子”，不应该接受奖赏，这是问题的关键。

为什么这样说？晏婴身为国相，俸禄和赏赐都是按照国相的标准给的。晏婴的子孙还能继续当国相吗？可能性极小极小。没有国相的德能，却拥有国相的财富，这份财富能守得住吗？当财富超过幅度，处置不当就是祸患。尤其是春秋后期，晏婴早就料到——不用多久，齐国必有大乱，而大乱从根本上是围绕着财富再分配进行的。如果儿孙没有能力在乱局中取胜，就会成为被人屠戮的一方，手里的财富反而会引来杀身之祸。所以，为了儿孙的安全，为了晏家香火的延续，让子孙以平民身份过节俭生活，才是安全策略。

所以在晏婴即将去世的时候，他的妻子问他：先生还有什么话想交代吗？

晏婴在弥留之际，心里会想到什么呢？这个时间想到的一定是最重要的，到死都想坚守的。他说：“吾恐死而俗变，谨视尔家，毋变尔俗也。”（《晏子春秋》）我怕死了以后家里的风俗会改变，所以小心看好

家，不要改变家里的风俗。

晏婴家里的风俗是什么？节俭！“食不重肉，妾不衣帛。”（《史记·管晏列传》）为什么要继续节俭？不节俭就会奢侈，就会贪婪，就会敛不义之财，就等于招灾。晏婴因为有独特的财富观，懂得财富密码，所以把这一点看得异常透彻！

晏婴提倡“以民为本”，推行“廉政”，在高高在上的君主面前和盘根错节的官场中，既需要独善其身，又需要兼济天下。因此处理各种社会关系也是他必须要面对的考验。那么晏婴在这个过程中是如何思考、坚守、疏通、调控的呢？

下篇继续讲述。

【原文摘编】

《晏子春秋·内篇谏下》

景公欲杀犯所爱之槐者晏子谏第二

景公有所爱槐，令吏谨守之，植木县之，下令曰：“犯槐者刑，伤槐者死。”有不闻令，醉而犯之者。公闻之曰：“是先犯我令。”使吏拘之，且加罪焉。其子往晏子之家说曰：“负郭之民贱妾，请有道于相国，不胜其欲，愿得充数乎下陈。”晏子闻之，笑曰：“婴其淫于色乎？何为老而见奔？虽然，是必有故。”令内之。

女子入门，晏子望见之，曰：“怪哉！有深忧。”进而问焉，曰：“所忧何也？”对曰：“君树槐县令，犯之者刑，伤之者死。妾父不仁，不闻令，醉而犯之，吏将加罪焉。妾闻之，明君莅国立政，不损禄，不益刑，又不以私恚害公法，不为禽兽伤人民，不为草木伤禽兽，不为野草伤禾苗。吾君欲以树木之故杀妾父，孤妾身，此令行于民而法于国矣。虽然，妾闻之，勇士不以众强凌孤独，明惠之君不拂是以行其所欲。此譬之犹自治鱼鳖者也，去其腥臊者而已。昧墨而与人比居，庾肆而教人危坐。今君出令于民，苟可法于国而益善于后世，则父死亦当矣，妾为之收亦宜矣。甚乎今之令不然，以树木之故，罪法妾父，妾恐其伤察吏之法而害明君之义也。邻国闻之，皆谓吾君爱树而贱人，其可乎？愿相国察妾言以裁犯禁者。”晏子曰：“甚矣。吾将为子言之于君。”使人送之归。

明日，早朝，而复于公曰：“婴闻之，穷民财力，以供嗜欲，谓之暴。崇玩好，威严拟乎君，谓之逆。刑杀不称，谓之贼。此三者，守国之大殃也。今君穷民财力，以美饮食之具，繁钟鼓之乐，极宫室之观，行暴之大者。崇玩好，县爱槐之令，载过者驰，步过者趋，威严拟乎君，逆民之明者。犯槐者刑，伤槐者死，刑杀不称，贼民之深者。君享国，德行未见于众，而三辟著于国，婴恐其不可以莅国子民也。”公曰：“微大夫教寡人，几有大罪，以累社稷。今子大夫教之，社稷之福，寡人受命矣。”晏子出，公令吏罢守槐之役，拔置县之木，废伤槐之法，出犯槐之囚。

《晏子春秋·内篇谏上》

景公游寒途不恤死胔晏子谏第十九

景公出游于寒途，睹死胔，默然不问。晏子谏曰：“昔吾先君桓公出游，睹饥者与之食，睹疾者与之财，使令不劳力，藉敛不费民。先君将游，百姓皆说，曰：‘君当幸游吾乡乎。’今君游于寒途，据四十里之氓，殚财不足以奉敛，尽力不能以周役，民氓饥寒冻馁，死胔相望，而君不问，失君道矣。财屈力竭，下无以亲上。骄泰奢侈，上无以亲下。上下交离，君臣无亲，此三代之所以衰也。今君行之，婴惧公族之危，以为异姓之福也。”公曰：“然。为上而忘下，厚藉敛而忘民，吾罪大矣。”于是敛死胔，发粟于民，据四十里之氓不服政其年，公三月不出游。

《晏子春秋·内篇杂下》

景公以晏子衣食弊薄使田无宇致封邑晏子辞第十九

晏子相齐，衣十升之布，食脱粟之食，五卵、苔菜而已。左右以告公，公为之封邑，使田无宇致台与无盐。晏子对曰：“昔吾先君太公受之营丘，为地五百里，为世国长。自太公至于公之身，有数十公矣。苟能说其君以取邑，不至公之身，趣齐搏以求升土，不得容足而寓焉。婴闻之，臣有德益禄，无德退禄，恶有不肖父为不肖子为封邑以败其君之政者乎。”遂不受。

《晏子春秋·内篇问下》

叔向问齐德衰子若何晏子对以进不失忠退不失行第十八

叔向问晏子曰：“齐国之德衰矣，今子何若?”晏子对曰：“婴闻，事明君者，竭心力以没其身，行不逮则退，不以诬持禄。事惰君者，优游其身以没其世，力不能则去，不以谀持危。且婴闻君子之事君也，进不失忠，退不失行。不苟合以隐忠，可谓不失忠。不持利以伤廉，可谓不失行。”叔向曰：“善哉。《诗》有之曰：‘进退维谷。’其此之谓欤?”

《晏子春秋·内篇杂下》

晏子老辞邑景公不许致车一乘而后止第二十八

晏子相景公，老，辞邑。公曰：“自吾先君定公至今，用世多矣，齐大夫未有老辞邑者。今夫子独辞之，是毁国之故，弃寡人也，不可。”晏子对曰：“婴闻古之事君者，称身而食。德厚而受禄，德薄则辞禄。德厚受禄，所以明上也。德薄辞禄，可以洁下也。婴老，德薄无能而厚受禄，是掩上之明，污下之行，不可。”公不许曰：“昔吾先君桓公有管仲恤劳齐国，身老，赏之以三归，泽及子孙。今夫子亦相寡人，欲为夫子三归，泽至子孙，岂不可哉?”对曰：“昔者管子事桓公，桓公义高诸侯，德备百姓。今婴事君也，国仅齐于诸侯，怨积乎百姓，婴之罪多矣，而君欲赏之，岂以其不肖父为不肖子厚受赏，以伤国民义哉。且夫德薄而禄厚，智惛而家富，是彰污而逆教也，不可。”公不许，晏子出。异日朝，得间而入邑，致车一乘而后止。

《晏子春秋·内篇杂下》

晏子病将死妻问所欲言云毋变尔俗第二十九

晏子病，将死。其妻曰：“夫子无欲言乎?”晏子曰：“吾恐死而俗变，谨视尔家，毋变尔俗也。”

第五篇

终生难题

小人的存在是一种常态，身为国相的晏婴当然也需要面对小人。晏婴位高权重，会面对更多、更狡猾的小人。所以，想当好这个官，就需要有一套方法，以把小人的危害降到最小化。那么晏婴是怎样识别、整治小人的呢？他的工作是否卓有成效呢？

一、仿佛一次大手术

据《晏子春秋》记载，齐景公在位的某一天，齐国大夫梁丘据死了。这个人一直是齐景公心中的红人，鞍前马后，给国君带来了不少欢乐。所以齐景公把晏婴找来，告诉他说："据忠且爱我，我欲丰厚其葬，高大其垄。"意思是梁丘据对我很忠诚而且很爱戴我，我想给他举办一个豪华版的葬礼，再给他修一座加大版的坟墓。

晏婴听了以后，问了一个问题："敢问据之忠与爱于君者，可得闻乎？"我斗胆问一句，梁丘据对您的忠和爱，能说给我们听听吗？

晏婴这样问显然是想让齐景公把自己的看法表达明确。只有表达明确，接下来的讨论才有意义，尤其是在发生争论的时候。这是避免对方偷换概念、耍滑头、不认账的有效方法。

齐景公说："有些我喜欢玩的东西，连管事的官吏都不能拿给我，梁丘据就把他拥有的玩物拿给我玩，所以我知道他很忠诚啊。有时候刮风下雨，大半夜找他，他一定在，所以我觉得他很爱戴我呀。"六十多岁的齐景公想事情还跟孩子一样。

晏婴接下来说："这件事情，如果我回答您，肯定会得罪您。如果我不回答呢，那就没有尽到臣子的本分，所以我不敢不回答啊。"很显然，晏婴接下来要说的话肯定是齐景公不爱听的。我们看看晏婴这位口才大师的沟通艺术。他像一位神医一样先弄清楚病在哪儿，然后告诉病人治病很疼哦。不怕疼！那好，接下来就该做手术了！

那么这个手术该怎样做呢？

他说"婴闻之"，就是我晏婴听说。这是晏婴的一个口头禅，近似于"有人说""常言道"等。这样说能够增强说服力，因为多会借用出自权威的至理或者出自大众的公理。这些至理或公理往往是朗朗上口的名言警句。这个过程相当于打麻药。

他说："臣专其君，谓之不忠。子专其父，谓之不孝。妻专其夫，谓之嫉妒。"什么意思呢？我听说，臣子独占君主的宠爱，叫作不忠。儿子独占父亲的宠爱，叫作不孝。妻子独占丈夫的宠爱，叫作嫉妒。原来这是嫉妒的本意。晏婴提出了一个现代很流行的观念，即"分享"。忠臣也好，孝子也好，贤妻也好，都应该把君主、父亲、丈夫的宠爱分享给相关的人，如其他臣子、其他子女、其他小妾，这样才能让更多的人接受恩惠并学会感恩，这才是忠孝贤惠的体现。有意思！

当把这些前提和观念铺平垫稳，让"麻药"发挥作用之后，晏婴才开始触及让齐景公难受的地方。他说："这么大的齐国为什么爱您的人那么少呢？为什么愿意拿东西给您的人那么少呢？为什么这些事情都只有梁丘据一个人在做呢？"是啊，堂堂国君却没人爱，毛病到底出在哪儿呢？

这个时候，晏婴一刀下去，直切病根！恰恰是因为梁丘据只希望他一个人得到宠爱，所以故意阻塞群臣、蒙蔽国君。你看这人可不可恶！

病根一切除，奇迹就发生了，齐景公恍然大悟："对呀！你不说，我还真不知道梁丘据到了这个地步啊。"于是，厚葬的计划取消！豪华版变成了低配版，加大版变成了迷你版。

《晏子春秋》详细记载了这段精彩的对话。这一番步步为营、逻辑紧扣的论证把齐景公大脑中的错误想法连根拔起，让我们不得不对这位口才大师佩服得五体投地！晏婴仅仅用了几分钟时间，就让梁丘据的形象在齐景公心里来了个惊天大逆转，让他从忠臣变成了奸臣。

尽管晏婴说得振振有词，齐景公也好像恍然大悟，但仅从这段对话的内容来看，有些人无法认同晏婴的判断。为什么？因为按照这段描述，可以说梁丘据恰恰是位良臣。想国君之所想，急国君之所急，尽臣子的本分，有错吗？难道他亲近国君还要看大家的脸色吗？难道他必须等别人都亲近之后才能亲近吗？所以，有些人认为晏婴的指责反而显得牵强、过分、小题大做，甚至让人怀疑他是羡慕嫉妒恨。其实，晏婴这样做源于他以民为本的执政理念。

二、警世高言

梁丘据，字子犹。在《晏子春秋》一书中，这个名字被提了六十多次，出现在十几个故事当中。其出镜率之高仅次于晏子和齐景公。也就是说，梁丘据在齐国，至少在晏婴的社会关系中，是个举足轻重的人物。那么这个举足轻重的人物有什么特点呢？

第一个特点：谦和、热心、体谅人。

比如说，他曾经非常诚恳地对晏婴说，我这一辈子也无法赶上您啊！晏婴听了当然也很受用，立即指点梁丘据如何赶上或超越自己。比如说，他去晏婴家看见国相吃得太差，就报告给齐景公。比如说，齐景公发现晏婴的座驾配置太低，就赠送给他豪华马车，是梁丘据兴高采烈地往晏婴家里送了三次；齐景公发现晏婴的衣履寒酸，就赠送给他皮革，也是梁丘据往晏婴家里送了三次。比如说，齐景公登上路寝台，突然听到远处有哭声，便询问梁丘据哭的人是谁。梁丘据说哭的人是孔子的门徒鞠语，说他通晓礼乐、孝敬老人，母亲去世，鞠语厚葬不说，还守孝三年，哭声非常哀痛。由此可见，梁丘据也推崇懂礼行孝之人。

第二个特点：特别擅长哄国君开心。

比如，齐景公有一天早上没上朝，晏婴一打听，原来是因为梁丘据找了个青年歌手，让齐景公听了一整夜的“齐国好声音”。比如，齐景公建成了西曲池后，自己穿着奇装异服，扮出很酷的表情，被晏婴撞见了，原来是和梁丘据等宠臣一同取乐呢。比如，齐景公登牛山，看到齐国的大好河山，突然为终有一死而遗憾痛苦，于是放声大哭。这个时候，梁丘据和另外一个宠臣跟着一起哭了起来，而晏婴却在一旁哈哈大笑。比如，齐景公晚上想喝酒，自带酒菜、厨师和演艺班子来到晏婴家，却遭到了晏婴的拒绝。扫兴之后，齐景公来到梁丘据家里。梁丘据左手拿着瑟，右手拿着竽，唱着歌出来迎接，欢欣鼓舞，让齐景公心花怒放。比如，齐景公修宫殿占了一家百姓的墓地，这家儿子要求将母亲合葬在宫殿下面，经晏婴劝说，齐景公同意了。这个时候，梁丘据提出了质疑：“自古及今，未尝闻求葬公宫者也，若何许之？”从古到今，没听说过要求在国君的宫殿里建坟墓的，为什么要答应呢？梁丘据虽然是从维护齐景公的利益出发，但也不无道理。

由此可见，梁丘据既能让周围的人舒服，又能让国君高兴，所以历史上也有人力挺梁丘据。例如，唐宋八大家之一——柳宗元就专门写了《梁丘据赞》，为他歌功颂德。他的观点是，梁丘据虽然谄媚，但他愉悦了国君，同时没有排斥异己，没有诋毁晏婴，使得晏婴能放开手脚治国理政，有利于给齐国带来繁荣。所以，他激赞梁丘据。

晏婴却有自己的看法。按照《晏子春秋》的记载，有一天，晏婴跟齐景公讨论问题。齐景公问：“治国何患？”治理国家最怕什么？这一次，晏婴回答得非常简洁。他说：“患夫社鼠。”最怕的是社鼠，房社中的老鼠。

“何谓也?”为什么这样说呢?齐景公很关心这个问题。于是，晏婴说:“夫社，束木而涂之，鼠因往托焉。熏之则恐烧其木，灌之则恐败其涂，此鼠所以不可得杀者，以社故也。”建造房社主要是捆扎木头并涂上泥巴，老鼠就寄居在里面，用火熏它怕烧了木头，用水灌它怕泡坏了泥巴，这老鼠之所以无法杀灭，是因为顾忌房社。说完这一现象后，晏婴把话题转到国家治理上。他说:“夫国亦有社鼠，人主左右是也。内则蔽善恶于君上，外则卖权重于百姓，不诛之则为乱，诛之则为人主所案据，腹而有之，此亦国之社鼠也。”其实国家也有社鼠，就是君主左右的亲信。他们在朝廷内对君主隐瞒善恶，在朝廷外则对百姓卖弄权力。不杀他们，他们会作乱；要杀他们，君主又会出面安抚平息、庇护宽赦。这些人就是国家的社鼠。可以说，晏婴的这套社鼠之论在任何朝代都是适用的，所以是警世高论。

其实，梁丘据在晏婴的眼里一直是为害国家的社鼠之一。并且这只社鼠狡猾多端、势力强大，最具欺骗性，所以最难对付。他曾用一句话告诫齐景公:“夫能自周于君者，才能皆非常也。夫藏大不诚于中者，必谨小诚于外，以成其大不诚。”那些能在君主面前周旋的人，本事都非同一般，能把大奸大假藏于内心的，必定要把小诚小信表现于外，以实现他们的大奸大假。所以在晏婴看来，梁丘据的很多表现都是障眼法。

三、迟到的真相

晏婴到底为什么认定梁丘据就是社鼠呢?晏婴身为国相，又被誉为大贤人，当然不是因为争风吃醋，而是因为他看到了常人看不到的问题。什么问题呢?这个问题要从梁丘据的第三个特点说起。

第三个特点：缺乏人性、不讲道义、冷血。我们仅举一个例子。

齐景公得了疥疮和疟疾，一年都没治好。

国君生病是国家大事。一年都没有治好，可以想象折腾成什么样子了。当所有的办法都想尽了的时候，齐景公已经彻底焦灼了。这个病到底怎样才能治好呢？他想起了国相晏婴，当然也想到了那位忠且爱他的梁丘据。

齐景公召集晏婴、梁丘据等几位大臣，对他们说：“寡人之病病矣！”（《晏子春秋》）两个“病”字并用，意思是我因身病而生了心病，我因旧病又得了新病，可谓病上加病。齐景公已经因为这个病产生了巨大的心理负担。为什么会这样呢？

他说：“我让史官固和祝官佗遍祭山川鬼神和祖宗，牛羊祭品和美玉礼器没有不齐备的，数量都比先君桓公要多一倍，可是病还不见好，而且越来越严重。”看来齐景公快绝望了。

的确，如果生病了不去看病，只顾着烧香磕头、杀猪宰羊、准备金盆玉器去祭拜，只会使病情往更加绝望处发展。那么遇到这种情况怎么办呢？齐景公当然想在绝望之处找一线希望，而他的想法是把祭品再次升级！

齐景公说：“我想杀了这两个人取悦上天，你们说行吗？”

关键时刻到了。两颗人头即将落地。

这个时候，可以猜猜梁丘据会怎样回答。他还是那个谦和、热心、体谅人的大夫吗？不是了。他只说了一个字：“可。”

这个事关两人生死的字让晏婴看透了梁丘据的本性。果然是趋炎附势的小人，为了讨君主的欢心，可以随时放弃人性的底线，所有的道义、善良、谦和、体谅在权势面前立刻变得无足轻重。看见自己的同事面临危险却不救，反而把人往死路上推，实在卑劣。所以梁丘据的这个举动足以让晏婴认定他就是个社鼠！

但是，这样的判断无论多么精准，仍然不能作为证据给梁丘据定罪。而证据真的出现时，早已时过境迁，让人替晏婴感到遗憾。关于梁丘据是社鼠这一点，我们可以在《左传》中得到明确的印证。而这是一件晏婴和齐景公至死都不知道的事情。

公元前516年夏天，齐景公亲自领军，准备南下攻打鲁国的反对派三桓，把逃亡国君鲁昭公送回国。所以，齐景公下令：不接受鲁国的财物。齐景公摆出决战的姿态。而三桓自知不是齐国对手，怎么办呢？

看来最好的办法是从齐国内部攻破。于是他们派人来到齐国军中，买通梁丘据的仆人，把两匹锦送到了梁丘据面前。梁丘据一看就喜欢上了，因为锦上有花纹，那是当时的先进工艺，非常时尚，所以他爱不释手。仆人趁热打铁，说这是鲁国人送来的，一共有一百匹，因为道路不通，所以先送来两匹。梁丘据的贪欲立即被钩了起来。在巨大的物质利益面前，他立刻就把“忠且爱”抛到九霄云外了。为了这点锦，卖国也干。

一转身，梁丘据找到了齐景公。晏婴是口才大师，梁丘据也是攻心高手。这种人天天在国君面前周旋，当然最懂齐景公的心思。那么齐景公最大的心思是什么呢？就是总想“向天再借五百年”，怕死。所以梁丘据说：“臣下对鲁国国君不肯尽力，不是不愿奉行您的命令。因为我很奇怪，谁谁谁为他奔走，结果客死他乡。谁谁谁想把他迎接回国，结果无疾而终。不知道是上天抛弃了鲁国，还是鲁国国君得罪了鬼神，所以才弄到这种地步。”这时，齐景公已经被吓了个半死，后面不用多费口舌，齐景公就答应不再亲征。结果，齐军士气衰落，与鲁国战平，导致送鲁昭公回曲阜的计划泡汤。梁丘据临阵卖国都敢做，所以晏婴说他是社鼠一点都没冤枉他！

四、挫败“冷血奸臣”得胜利

到这里，梁丘据的案底都清楚了。但是在历史和现实当中，社鼠可不止梁丘据一个。于是我们不禁要问，对于这类社鼠，应该怎样防范、抑制和清理呢？晏婴到底做过哪些事情来解决这个问题呢？其实，晏婴一直在战斗，只是在这场战斗中，他显得非常孤独和无助。因为没有人能够理解他思考的深度和内心的忧患。

其实，了解了社鼠，我们很容易联想到一个大家都非常熟悉的名词——小人。社鼠可以说是小人中的小人。而小人问题是社会中最为复杂的问题之一。为什么这么说呢？这是因为：

第一，有小人心思不一定干小人勾当。所谓小人心思就是普遍存在于人类灵魂中的某些劣根性，比如贪婪、嫉妒、自私等。而所谓小人勾当，就是从小人心理出发做出的伤害他人或败坏社会风气的隐形、细小、很难用法律惩治的行为，比如偷奸耍滑、搬弄是非、言而无信等。

第二，偶尔干过小人勾当不一定冠以小人称号。偶尔做过一些小人勾当的人是否就可以被命名为小人了呢？事情没有那么简单。一个人做点好事并不难，难的是做一辈子好事。一个人犯错或做坏事很容易，但多数人能知错就改。所以，不能因为偶尔做过小人勾当就冠以小人的称号。这就是问题的复杂性。

第三，冠以小人称号未必可以成功整治。小人做事往往用四两拨千斤的策略。虽然他们做的可能是一些琐碎的小事，但这些小事可能是能搞砸集体的大事。他们如果没做成，只损失四两，不伤筋动骨；一旦做成，就可能获得成千上万倍的收益。他们早就把这个账算清楚了。但是如果拿出“千斤之力”整治小人，就仿佛大象抓老鼠一样笨拙，而且按照“斗兽棋”的规则，还会斗败。

既然小人这样难对付，那么晏婴这位奇人又采取了哪些整治方法呢？

第一，建设“礼义廉耻”的国家文化。其实，齐桓公时期，齐国国相管仲就已经重点推行这件事了。而晏婴在任时，仍然牢牢坚持这一点。礼义廉耻是化解小人心思的重要文化基础。

第二，劝谏齐景公行正坐端，使社鼠集团清楚风向——要么管好自己，要么学习国君。这一点主要解决小人勾当问题。但是因为遇上齐景公这么一位随意任性的国君，晏婴在这一方面做得力不从心。

第三，虽然齐景公不给力，但晏婴高度自律，为他人树立了良好榜样。他不贪婪、不嫉妒、不自私，虽然社鼠集团不喜欢他，但民众很喜爱他，也会倒逼官员们进行自我约束。

第四，采用迂回策略保护受害者。在齐景公征求意见杀不杀史固和祝佗的时候，晏婴不说话。齐景公很好奇，就问：“晏卿是怎么想的啊?”虽然是简单的沉默，如果用对地方，反而显得更有力量。假如国君刚一说出口，就跳出来表示反对，从情绪上就是对立的，很难达到目的。而沉默引发了国君的好奇，让国君主动询问，这个时候再发表意见，作用就大多了。即使这样，也不能直接说梁丘据没有人性，因为这等于说齐景公没人性，这样祸就惹大了。怎么办呢？当齐景公再次征求晏婴的意见时，晏婴靠论证祭祀和祈祷不起作用说服齐景公放弃了杀人的念头。

第五，如果迂回的办法不奏效，也会采取直截了当的办法。有一次，晏婴因为齐景公奖励谀臣和谄臣，也就是奖励社鼠班子，气得辞官出走，不想干了。他是真的不想干了，还是在实施一种战斗策略？从后来齐景公派人追回晏婴的实际效果看，应该是后者。

但是令人感到非常无奈和遗憾的是，无论任何时代，消灭社鼠都没有特效药，也没有必杀技。所以尽管晏婴的这些行为对促进齐国社会繁荣有贡献，但也无法从根本上消灭社鼠集团。梁丘据依然深得齐景公的宠爱，依然在无影无形中严重影响着齐景公的判断。忠臣的身影总是显得那么孤独。

如果所有方法都不能立竿见影，怎么办呢？无奈之时，还有一招——比谁的心态好、身体好。在这一点上，齐景公是幸运的，因为奸臣梁丘据先于忠臣晏婴而去世，所以国君的安全、社稷的稳定都有了重要保障。按照《左传》的记载，公元前500年，孔子和梁丘据有过一段对话。而按照《晏子春秋》的记载，梁丘据在晏婴之前去世，而晏

婴是在公元前500年去世的。据此判断，梁丘据当去世于公元前500年且比晏婴去世早。于是，晏婴和梁丘据的战斗终于以生命结束的形式宣告结束，就像洪七公和欧阳锋这对老对头一样，耗尽了最后一丝力气。晏婴的长寿也许与他“食不重肉”有关，也许与他不放纵酒色有关，可能也与他想要战胜梁丘据这个超级社鼠的信念有关。

在晏婴的职业生涯中，社鼠是他要面对的非常隐蔽的群体，这个群体以梁丘据为首，人数多，能量大，消耗了他大量的精力。这些人见利忘义，主要以阴谋诡计来损害国家利益。但是除了他们，还有另一类人，以蛮横粗暴、直截了当的方式破坏国家的秩序。那么对这类人，晏婴会采取什么措施呢？

下篇继续讲述。

【原文摘编】

《晏子春秋·内篇谏下》

景公欲厚葬梁丘据晏子谏第二十二

梁丘据死，景公召晏子而告之曰：“据忠且爱我，我欲丰厚其葬，高大其垄。”晏子曰：“敢问据之忠与爱于君者，可得闻乎？”公曰：“吾有喜于玩好，有司未能我共也，则据以其所有共我，吾是以知其忠也。每有风雨，暮夜求之必存，吾是以知其爱也。”

晏子曰：“婴对则为罪，不对则无以事君，敢不对乎。婴闻之，臣专其君，谓之不忠。子专其父，谓之不孝。妻专其夫，谓之嫉妒。事君之道，导君以亲于父兄，有礼于群臣，有惠于百姓，有信于诸侯，谓之忠。为子之道，导父以钟爱其兄弟，施行于诸父，慈惠于众子，诚信于朋友，谓之孝。为妻之道，使其众妾皆得欢忻于其夫，谓之不嫉。今四封之民皆君之臣也，而维据尽力以爱君，何爱者之少邪？四封之货皆君之有也，而维据也以其私财忠于君，何忠者之寡邪？据之防塞群臣，壅蔽君，无乃甚乎?”公曰:“善哉。微子，寡人不知据之至于是也。”遂罢为坴之役，废厚葬之令，令有司据法而责，群臣陈过而谏。故官无废法，臣无隐忠，而百姓大说。

《晏子春秋·内篇问上》

景公问治国何患晏子对以社鼠猛狗第九

景公问于晏子曰:“治国何患?”晏子对曰:“患夫社鼠。”公曰:“何谓也?”对曰:“夫社，束木而涂之，鼠因往托焉。熏之则恐烧其木，灌之则恐败其涂，此鼠所以不可得杀者，以社故也。夫国亦有社鼠，人主左右是也。内则蔽善恶于君上，外则卖权重于百姓，不诛之则为乱，诛之则为人主所案据，腹而有之，此亦国之社鼠也。宋人有酤酒者。为器甚洁清，置表甚长，而酒酸不售。问之里人其故，里人曰:‘公之狗猛，人挈器而入，且酤公酒，狗迎而噬之，此酒所以酸而不售也。’夫国亦有猛狗，用事者是也。有道术之士，欲干万乘之主，而用事者迎而龁之，此亦国之猛狗也。左右为社鼠，用事者为猛狗，主安得无壅，国安得无患乎?”

《晏子春秋·外篇重而异者》

景公问治国之患晏子对以佞人谗夫在君侧第十四

景公问晏子曰:“治国之患亦有常乎?”对曰:“佞人谗夫之在君侧者，好恶良臣而行与小人，此治国之常患也。”公曰:“谗佞之人，则诚不善矣。虽然，则奚曾为国常患乎?”晏子曰:“君以为耳目而好谋事，则是君之耳目缪也。夫上乱君之耳目，下使群臣皆失其职，岂不诚足患哉。”

公曰:“如是乎，寡人将去之。”晏子曰:“公不能去也。”公忿然作色不说，曰:“夫子何少寡人之甚也。”对曰:“臣何敢挢也。夫能自周于君者，才能皆非常也。夫藏大不诚于中者，必谨小诚于外，以成其大不诚。入则求君之嗜欲能顺之，君怨良臣，则具其往失而益之，出则行威以取富。夫何密近不为大利变，而务与君至义者，此难见而且难知也。”

公曰："然则先圣奈何？"对曰："先圣之治也，审见宾客，听治不留，患日不足，群臣皆得毕其诚，谗谀安得容其私。"公曰："然则夫子助寡人止之，寡人亦事勿用矣。"对曰："谗夫佞人之在君侧者，若社之有鼠也，谚言有之曰：'社鼠不可熏，去此乃治矣。'谗佞之人，隐君之威以自守也，是故难去焉。"

《晏子春秋·内篇谏下》

景公路寝台成逢于何愿合葬晏子谏而许第二十

景公成路寝之台，逢于何遭丧，遇晏子于途，再拜乎马前。晏子下车挹之，曰："子何以命婴也？"对曰："于何之母死，兆在路寝之台墉下，愿请合骨。"晏子曰："嘻，难哉！虽然，婴将为子复之。适为不得，子将若何？"对曰："夫君子则有以，如我者侪小人，吾将左手拥格，右手梱心，立饿枯槁而死，以告四方之士曰：'于何不能葬其母者也。'"晏子曰："诺。"遂入见公，曰："有逢于何者，母死，兆在路寝当墉下，愿请合骨。"公作色不说，曰："自古及今，子亦尝闻请合葬人主之宫者乎？"

晏子对曰："古之人君，其宫室节，不侵生人之居，其台榭俭，不残死人之墓，故未尝闻请葬人主之宫者也。今君侈为宫室，夺人之居，广为台榭，残人之墓，是生者愁忧不得安处，死者离易不得合骨。丰乐侈游，兼傲生死，非仁君之行也。遂欲满求，不顾细民，非存之道也。且婴闻之，生者不得安，命之曰蓄忧；死者不得葬，命之曰蓄哀。蓄忧者怨，蓄哀者危，君不如许之。"公曰："诺。"晏子出，梁丘据曰："自古及今，未尝闻求葬公宫者也，若何许之？"公曰："削人之居，残人之墓，凌人之丧而禁其葬，是于生者无施，于死者无礼也。《诗》云：'谷则异室，死则同穴。'吾敢不许乎。"逢于何遂葬其母于路寝之台墉下，解衰去绖，布衣縢履，玄冠茈武，踊而不哭，躄而不拜，已乃涕洟而去。

《晏子春秋·内篇谏上》

景公病久不愈欲诛祝史以谢晏子谏第十二

景公疥且疟，期年不已。召会谴、梁丘据、晏子而问焉。曰：“寡人之病病矣，使史固与祝佗巡山川、宗庙，牺牲珪璧莫不备具，其数常多于先君桓公，桓公一则寡人再。病不已，滋甚。予欲杀二子者，以说于上帝，其可乎？”会谴、梁丘据曰：“可。”晏子不对。

公曰：“晏子何如？”晏子曰：“君以祝为有益乎？”公曰：“然。”晏子免冠曰：“若以为有益，则诅亦有损也。君疏辅而远拂，忠臣拥塞，谏言不出。臣闻之，近臣嘿，远臣瘖，众口铄金。今自聊、摄以东，姑、尤以西者，此其人民众矣，百姓之咎怨诽谤诅君于上帝者多矣。一国诅，两人祝，虽善祝者不能胜也。且夫祝直言情，则谤吾君也；隐匿过，则欺上帝也。上帝神则不可欺，上帝不神祝亦无益。愿君察之也。不然，刑无罪，夏、商所以灭也。”公曰：“善解予惑，加冠。”命会谴毋治齐国之政，梁丘据毋治宾客之事，兼属之乎晏子。晏子辞，不得命。受，相退。把政，改月而君病悛。公曰：“昔吾先君桓公以管子为有力，邑狐与谷，以共宗庙之鲜。赐其忠臣，则是多忠臣者。子今忠臣也，寡人请赐子州款。”辞曰：“管子有一美，婴不如也。有一恶，婴不忍为也，其宗庙之养鲜也。”终辞而不受。

第六篇

奇谋是非

晏婴品德高尚，才能卓越。太史公司马迁对他敬佩得五体投地。他在《史记·管晏列传》中是这样说的："假令晏子而在，余虽为之执鞭，所忻慕焉。"如果晏子还活着，我即使为他挥鞭赶车，也会满心高兴并且真心向往啊！

但是在司马迁之后，在另一位名人的眼中，晏婴的形象就没有这么高大了。这个名人就是诸葛亮。这件事儿说来很有意思，诸葛亮对《史记·管晏列传》中的第一位主人公——管仲敬佩至极，常"自比管仲乐毅"，将其视为榜样，但对另一位主人公——晏婴则颇为不屑，认为晏婴是个阴谋家。那么到底是什么原因让诸葛亮产生了这种看法呢？

一、二桃杀三士

据《晏子春秋》记载，有一天，晏婴到朝廷办公，遇见了当时著名的三个猛士。这三个人的名字是公孙接、田开疆、古冶子。遇见猛士，而且是卓有功劳的猛士，晏婴当然要表示敬意。怎么表示呢？按照当时的礼数，晏婴在他们面前小步快走以表示尊重。那么这三个人对此有何反应呢？他们没理睬，权当没看见。

晏婴这下不高兴了，进屋见到齐景公，就参了这三人一本。他说："下臣我听说贤明的君王蓄养的勇力之士（也就是猛士），对上讲君臣大义，对下懂得长幼尊卑，对内可以禁暴，对外可以威敌。这样君王受益、臣民敬服，所以给他们尊贵的地位、丰厚的俸禄。而您蓄养的猛

士，上无君臣之义，下无长率之伦，内不可以禁暴，外不可以威敌，此危国之器也，不若去之。”意思是，他们都是危害国家安全的人，不如除掉他们。

只因为三个猛士没还礼，就下这种狠手？一向善良的大贤人晏婴为什么表现得如此计较和冷酷？这个问题留到故事讲完之后再做分析。

齐景公怎么说呢？看来他经常被这三个猛士无礼冲撞，所以也憋了一口气。听见晏婴这么说，他连稀泥都没和一下，直接想的是怎样动手。他问：“这三个人力气大、武艺高，很难制服，怎么办呢？”

晏婴说：“此皆力攻勍敌之人也，无长幼之礼。”这三个人都只是靠力气攻击对手而已，他们的弱点是不懂长幼之礼。晏婴于是请齐景公派人给他们送去两个桃子，并对他们说：“这是国君赏赐的桃子。但是桃子只有两个，你们三个人为何不按功劳大小来决定谁享用这桃子呢？”

这三个人有什么反应呢？公孙接仰天而叹曰：“晏婴真是个聪明人啊！他让国君以此计量我的功劳，如果吃不到桃，说明无勇。”既然他们自称为勇猛之士，如果被人说是无勇，肯定接受不了。

那么，他怎样论自己的功劳呢？

他说：“我曾打死过一头大野猪，还捕杀过哺乳幼子的老虎，像我这样的功劳，应该可以独吃一桃而不必跟别人分食一个。”说完，他拿过桃子站起来。

应该说，后面发生的事情跟公孙接的这个动作有非常大的关系。他拿桃起身的动作强烈地刺激了另外两位猛士。他俩眼看着象征荣誉的桃子被人拿走一个而自己还没来得及说话，不急才怪。

于是田开疆赶紧抢过发言权，说：“我手持兵器两次打退敌人的三军，像我这样的功劳，也应该独吃一桃而不必跟别人分食一个。”这个功劳怎么样？当然比公孙接的功劳大，他打退的是敌人的三军，比打死野兽的意义大得多。说完，他也效仿公孙接，拿了个桃子站起来。

这是什么情况？两个桃子被拿完了，还有一个人没有说话呢。难道这个人觉得自己的功劳小，不想说话？不是。他也非常想说，只是比别人慢了半步，而历史经常会因为半步之差就改写了！

两个桃子刚被拿完，古冶子开口说话了："我曾经跟随国君渡黄河，有一个巨鳖咬住了车子左边的马，把车拖入激流中。那时候，我不会游泳，怎么办，我就潜入水中行走，逆流走了百步，顺流又走了九里，这才抓住巨鳖并杀了它。然后我左手提着马尾巴，右手举着巨鳖的头，像鹤一样飞跃而出。渡口上的人都看傻了，以为我是河神。像我这样的功劳，是不是也应该独吃一个桃子而不必跟人分吃？"古冶子的功劳的确很大，但问题是现在别说独吃一个，连分吃的机会也没有了，实在气人！

接下来，古冶子话锋一转，对公孙接和田开疆说："你们两个为什么不把桃子放回去？"古冶子很生气，后果很严重。他噌地站起来，拔出了宝剑。

这个时候，奇特的一幕发生了！两个原本不懂礼让的人突然变得特别懂道理。听古冶子这么一说，公孙接和田开疆脸上挂不住了。他们说："我们勇力不如您，功夫不如您，只管自己取桃而没有谦让，我们实在太贪心了。"自知贪心，然后怎么办呢？他们说："我们做了这样丢脸的事情而不去死，不但贪心，更说不上勇敢。"他们说完便放回桃子，然后抽出宝剑，自刎而死。两条大汉轰然倒地，地面震动，也让我们的内心受到了极大的震动。

他们如果发生争吵，乃至打起来，这个可以理解；或者他们自知理亏，把桃子放回原处，道个歉，这也可以理解。但故事当中的这个反应让我们不太容易理解。尽管看起来他们是为了猛士的荣誉，但从抢桃到自杀，这个弯转得太快，他们的反应太强烈，而且两个人还是同时自刎，的确让人匪夷所思。

这个时候，古冶子的内心也受到了极大的震动。他说："他们两个因我而死，唯独我还活着，这是不仁；用言语羞辱别人却夸耀自己，这是不义；虽然他们应该共吃一桃，我应该独吃一个，但我还是为今天的做法感到遗憾。这种情况我还不死，就是无勇了。"于是，他采用同样的方式，拔剑自刎。又一条大汉，轰然倒地。

后来，齐景公按照"士"的礼数把三位猛士安葬在齐国国都外的荡阴里。今天，山东省淄博市临淄区有三士冢，据说就是这三个猛士的坟墓。

这是《晏子春秋》记载的一桩奇案。

这个故事经过明末清初文学家冯梦龙的演义，在小说《东周列国志》中形成了另外一种版本。

二、越演绎越神奇

如果把《晏子春秋》和《东周列国志》中的这段故事对照来读，就会发现《晏子春秋》中的记载线条很粗，并且交代不足；而冯梦龙的《东周列国志》讲得更有逻辑性、更合理。为什么呢？

首先，《晏子春秋》记载的这段故事存在着很多令后人难以理解的地方。

第一，三个不懂礼的猛士为了争一个"勇猛"的名誉，最开始表现得很自我，没有任何谦让。他们同朝为官，又都是猛士，难道他们不了解，不知道谁的功劳更大？这么英勇的事情恐怕早就传得妇孺皆知了。既然公孙接和田开疆知道古冶子功劳最大，既然听古冶子这么一说就可以马上认错，为什么还要去抢桃？

第二，古冶子的功劳的确最大吗？大到公孙接和田开疆都心服口服吗？古冶子和公孙接都是打死猛兽，但古冶子同时保护了国君，所以功劳比公孙接大，这个是可以理解的。古冶子跟田开疆相比呢？那就见仁见智了。田开疆两次打退敌国三军，谁的功劳更大呢？这里就存在着争议。

第三，《晏子春秋》说他们“皆力攻勍敌之人也，无长幼之礼”，都是靠力气攻击敌人而不懂长幼之礼的人。而公孙接和田开疆开始不讲礼，突然又变得异常讲礼，甚至愿意用生命来洗刷过错。在这个发展过程当中，人物个性和想法是不连贯的。

其次，《晏子春秋》说这是晏婴的完整设计，同样很难让人理解。为什么呢？因为过程的变数实在太大了，缺乏发展的必然性，更像一个偶发事件。

第一，比如说这三个人商量了一下，决定共同感谢国君的赏赐——把这两个桃子供起来不吃了或者三个人分着吃。虽然说他们不懂长幼之礼，这种情况出现的可能性不大，但不大不等于不存在。一旦这种情况发生，所谓的设计岂不完全泡汤？

第二，他们发言的次序有没有变数呢？有变数的可能性太大了。公孙接第一，古冶子最后，这个次序没有必然性。假如功劳最大的古冶子第一个发言，按照《晏子春秋》中公孙接和田开疆也承认古冶子功劳最大的记载看，晏婴还能保证出现这个结果吗？

第三，他们的反应有没有变数呢？当古冶子拔剑而起时，公孙接和田开疆突然承认功劳不及古冶子，之后把桃放进盘子里，然后呢？他们一定会自刎吗？一定会同时自刎吗？当古冶子看到公孙接、田开疆自刎以后，他一定会自刎吗？都不一定！

鉴于上述原因，《东周列国志》的作者冯梦龙重设了一些环节，增加了逻辑性和可读性。

第一，他为这个故事增加了个大前提，那就是他们三位是结义兄弟，号称“齐邦三杰”。有了这一前提，同年同月同日死就有了必然性。

第二，他还设计了一个场景，把这件事情安排在齐景公接见鲁昭公的重大外事活动中，并做了强烈渲染，说桃子是三十年才结果的金桃，然后由两国国君和国相先当面吃掉四个，刺激得三位垂涎欲滴，剩下两个再由三人论功分食。三人为面子所累，急火攻心，拔剑自刎。

第三，小说还对发言次序进行了大调整，最后一位发言的不是古冶子，而是田开疆，并且明显夸大了他的功绩。他说："我曾经奉命讨伐徐国，斩其名将，俘获军官五百多人，徐君怕了，行贿求盟。之后，郯国和莒国也怕了，马上都聚集而来，奉咱们国君为盟主。这样的功劳可以吃桃吗？"

第四，自刎的次序是田开疆即功劳最大的一位先行。然后，其他两位受到强烈刺激，觉得自己抢桃子的行为导致第一名含羞而死，良心受到了谴责，这才接连拔剑自刎。

当然，这种演义到底是偏离真相还是接近真相，我们不得而知。无论是《晏子春秋》的纪实版本，还是《东周列国志》的演义版本，故事的基本思想是相同的，那就是晏婴一手策划了这件奇案。两本书的作者都想通过这件事展现晏婴过人的智慧。但是不同的人对同样一件事情会有不同的看法。比如足智多谋的晏婴"遇上"同样足智多谋的诸葛亮，就出现了另一种声音。

三、两千年议论纷纷

这个故事叫“二桃杀三士”。前面讲过，诸葛亮对这件事情颇为不屑。为什么呢？《三国志》记载诸葛亮好为《梁父吟》。而《梁父吟》说的就是“二桃杀三士”，对晏婴进行了讥讽。这首诗的内容如下：

步出齐东门，遥望荡阴里。
里中有三坟，累累正相似。
问是谁家冢？田疆古冶子。
力能排南山，文能绝地纪。
一朝中阴谋，二桃杀三士。
谁能为此者？相国齐晏子！（《东周列国志》）

诸葛亮在这件事上对晏婴持否定态度。因为他说三位猛士“力能排南山，文能绝地纪”，明确赞扬了他们。而接下来，“一朝中阴谋”的“阴谋”二字对这一行为定了性。所以“谁能为此者？相国齐晏子”是讽刺而非赞誉。因此诸葛亮在此表达的一个看法就是：三位都是文武双全的人，晏婴用二桃杀三士，奇谋的确是奇谋，但实在太阴损了，是阴谋，是小人勾当。

关于“文能绝地纪”这一点，我们目前还没有从其他史料中得到佐证。如果“文能绝地纪”成立的话，那么三位不懂基本礼数的可能性就大大减少了。所以，这句话让我们产生了两点怀疑，要么诸葛亮说三位“文能绝地纪”是夸张的称赞，要么三位猛士的死另有原因。

唐代大诗人李白也对晏婴有非议。他在诗作《惧谗》中写道：“二桃杀三士，讵假剑如霜。”他认为晏婴所进谗言就像雪白锋利的剑一样。当然，李白作为浪漫主义诗人，运用史料或发表言论时未必那么严谨，但他的历史影响太大，对晏婴名誉的影响也不能低估。

诸葛亮也好，李白也好，尽管备受后人喜爱，但也不能左右所有人的判断。比如清末民初诗人崔象珏就反对诸葛亮的看法。文人之间喜欢打笔墨官司，所以他也写了一首诗——《三士墓》。其诗云："勇士虽优兼智短，名心太重视身轻。仪延并用终为乱，诸葛何须笑晏婴！"

诗中的"仪延"指杨仪和魏延。崔象珏说诸葛亮虽然包容了魏延，但魏延还是闹出了乱子，所以你还得用计杀掉他。虽然你用的是锦囊，其实也是阴谋，凭什么笑话晏婴？这三个猛士没有头脑，并且"名心太重"，却把生命看得过轻，这种人早晚会因为荣誉而跟人拼命。我们经常看到的朝堂争功、居功自傲、佩剑上殿、咆哮公堂等大都是这类人所为。因为这些行为会破坏国家的政治秩序，所以说他们是危国之器是有道理的。

四、智者千虑，必有一失

既然《晏子春秋》中有记载，既然山东省淄博市临淄区还留有三士冢的遗迹，我们就不能轻易否认这个故事的存在。其实，在这个故事背后，晏婴的真实动机以及故事的发展过程还具有非常大的挖掘和推理空间。而通过挖掘和推理，我们也许更能接近真实的晏婴。

其实这个故事不太可能是晏婴全面并且精心设计的，因为漏洞太多，过程变数太大，结果缺乏必然性。晏婴拿两个桃子让三个人论功的目的，也许是想让三个猛士发生争执后醒悟到礼让的好处，这个目的是可能达到的；也许是想让他们在发生争执之后变得疏远，这个目的也是可能达到的；也许是想让他们为桃子而大打出手，这个目的同样可能达到。但是说他想用两个桃子让三个猛士同时自杀，可能性则极小极小。更大的可能是，晏婴想用两个桃子教训三个猛士，却没想到冲突在特定现场被个人因素放大，导致局面失控，造成三个猛士自杀。

那么，这三个猛士到底有什么冲突呢？从根本上看，这种冲突是春秋时期两种文化的冲突。当时，周朝的大环境可谓礼崩乐坏，而齐国的小环境推崇礼义廉耻。这两种文化在短时间内在三人身上依次表现，抢桃的时候体现了礼崩乐坏，自刎的时候体现了讲礼义廉耻。分裂的文化造就了分裂的人格。这种冲突又被三个猛士急躁的性格放大，所以我们看到了这个结果。

那么，为什么晏婴会想到用两个桃子教训三个猛士呢？主要还是因为晏婴崇尚以礼治国，因此也非常强调以礼禁暴。

据《晏子春秋》记载，有一天，齐景公喝酒喝多了。喝多了，人就任性了。他传下话说："今天咱们喝个高兴，大家随意，不用拘礼了。"当然，听到国君这样说，大家都很高兴，终于可以在国君面前放松一下了。

但是晏婴一听这话，脸色马上变了，连声叫道："此言差矣！"

敢在公众场合直接说国君讲错话了，这胆子够大的。既然胆子这么大，道理应该足够强，我们来听听晏婴的道理吧。

他说："群臣当然希望不拘礼节了。力量大的人足以打败尊长，勇猛的人足以弑杀君主，为什么他们不这样做呢？那是因为有礼的约束。飞禽走兽都是靠力气强大成为首领的，结果强者欺负弱者，每天更换首领。现在国君摈弃了礼法，就会堕落到禽兽的状态。如果群臣都靠勇力来处理国事，强者欺凌弱者，那么您将怎样立于国君之位呢？所以人比禽兽高贵，是因为有礼啊。"晏婴这段话的核心意思就是以礼禁暴。

喝多了的齐景公听没听进去呢？没有，依然我行我素。不听怎么办？晏婴自有晏婴的办法。

一会儿，齐景公要出去。齐景公出去时，晏婴不起身，视若无睹；齐景公回来时，晏婴还是不起身，不理不睬。齐景公提议共饮一杯，晏婴自己先喝了。这样一弄，齐景公受不了了。"公怒色变，抑手疾视。"齐景公愤怒了，脸色很难看，手按着桌子，怒目而视。他说："你刚才还在教导寡人说没有礼是不行的，可是寡人出入时，你不起身，大家举杯时，你先自饮，你这叫有礼吗？”

齐景公提的问题很尖锐，你自己都无礼，凭什么教育别人？

那么晏婴是怎么回答的呢？晏婴这个时候离席、再拜，叩头至地说：“我岂敢忘记跟您说过的话呀？我是在表演无礼的实景给您看。国君想要去礼，就会变成这个样子。”

这段话说完，齐景公恍然大悟，接下来采取了一系列措施，整顿法度，修习礼制，使国风有所转变。

但是在晏婴心里，这些仅仅不够，因为还有另外一种忧患。

据《晏子春秋》记载，齐景公问：“治国何患？”治国最怕什么？晏婴先回答说：“最怕社鼠。”我们在前面已经对社鼠问题做了解读。接下来，晏婴又说了一种人——猛狗。

晏婴说：“宋国有一个卖酒的人，把器具弄得很干净，把招牌也立得很高很长，但酒都放酸了还是卖不出去。这人感到很奇怪，就去问邻居怎么回事。邻居说：‘你家的狗太凶了。一有人来买酒，狗就迎面扑上去咬他，这就是酒卖不出去的原因。’”

这个故事叫“狗恶酒酸”，原创者是晏婴。故事很简单，但寓意很深刻。晏婴说，其实国家也有这样的猛狗，就是某些当权管事的人。有真才实学的人想为国家出力时，那些猛狗就冲上去撕咬，国家怎么会没有忧患呢？

那么这三个勇士当时是不是齐国的猛狗？目前没有可靠的史料能说明，《晏子春秋》仅记载说这三人简慢无礼。但是，我们如果仔细挖掘、认真品味，还是可以在这段故事里发现一些隐含的信息。

晏婴在故事的开头说这三个人“上无君臣之义”等，然后说“此危国之器也，不若去之”。这里的“去”是剔除的意思，而剔除不见得一定是杀掉，也可以是免职或者驱逐。

但是，齐景公的反应出人意料，并且耐人寻味。大臣之间发生矛盾，国君应出面调解，但他直接想到的是，这三个人力气大且武艺高，很难制服，也就是如何动手。这说明什么？说明齐景公非常支持晏婴的想法，进而说明他对三个猛士已经愤恨到不打不快的地步。如果一条狗只咬外人而不咬主人，就算是猛狗或恶狗也有价值；但如果既咬外人又咬主人，就成了疯狗。很显然，这三个猛士令国君都倍感压力，可见他们做得相当过分。所以晏婴一定要教训他们，并且要狠狠地教训一回。只是这次教训取得了出乎意料的结果，太彻底了。

当然，从古到今也有不少人做了更为大胆的推测。他们认为晏婴杀三士，除了因为他们简慢无礼，还有更深层、不便挑明的原因。而这个原因涉及一个敏感的姓氏、一个实力派牛人、一个即将昌盛于齐国的大家族。那么，这个姓氏是什么？这位牛人是谁？这个家族到底昌盛到什么程度？而晏婴与他们到底有什么关系呢？

下篇继续讲述。

【原文摘编】

《晏子春秋·内篇谏下》

景公养勇士三人无君臣之义晏子谏第二十四

公孙接、田开疆、古冶子事景公，以勇力搏虎闻。晏子过而趋，三子者不起。晏子入见公，曰：“臣闻明君之蓄勇力之士也，上有君臣之义，下有长率之伦，内可以禁暴，外可以威敌，上利其功，下服其勇，故尊其位，重其禄。今君之蓄勇力之士也，上无君臣之义，下无长率之伦，内不可以禁暴，外不可以威敌，此危国之器也，不若去之。”公曰：“三子者，搏之恐不得，刺之恐不中也。”晏子曰：“此皆力攻勍敌之人也，无长幼之礼。”因请公使人少馈之二桃。曰：“三子何不计功而食桃？”

公孙接仰天而叹曰：“晏子，智人也。夫使公之计吾功者，不受桃，是无勇也。士众而桃寡，何不计功而食桃矣。接一搏特猏，再搏乳虎，若接之功，可以食桃而无与人同矣。”援桃而起。田开疆曰：“吾仗兵而却三军者再，若开疆之功，亦可以食桃而无与人同矣。”援桃而起。古冶子曰：“吾尝从君济于河，鼋衔左骖以入砥柱之中流。当是时也，冶少不能游，潜行，逆流百步，顺流九里，得鼋而杀之，左操骖尾，右挈鼋头，鹤跃而出。津人皆曰：‘河伯也。’视之则大鼋之首也。若冶之功，亦可以食桃而无与人同矣。二子何不反桃？”抽剑而起。

公孙接、田开疆曰：“吾勇不子若，功不子逮，取桃不让，是贪也。然而不死，无勇也。”皆反其桃，挈领而死。古冶子曰：“二子死之，冶独生之，不仁。耻人以言而夸其声，不义。恨乎所行，不死，无勇。虽然，二子同桃而节，冶专桃而宜。”亦反其桃，挈领而死。使者复曰：“已死矣。”公殓之以服，葬之以士礼焉。

《东周列国志》

第七十一回　晏平仲二桃杀三士　楚平王娶媳逐世子（节选）

……于是征聘于东方诸侯。徐子不从，乃用田开疆为将，帅师伐之。大战于蒲隧，斩其将嬴爽，获甲士五百余人。徐子大惧，遣使行成于齐。齐侯乃约郯子、莒子同徐子结盟于蒲隧。徐以甲父之鼎赂之。晋君臣虽知，而不敢问。齐自是日强，与晋并霸。

景公录田开疆平徐之功，复嘉古冶子斩鼋之功，仍立“五乘之宾”以旌之。田开疆复举荐公孙捷之勇。那公孙捷生得面如靛染，目睛突出，身长一丈，力举千钧。景公见而异之，遂与之俱猎于桐山。忽然山中赶出一只吊睛白额虎来，那虎咆哮发喊，飞奔前来，径扑景公之马。景公大惊。只见公孙捷从车上跃下，不用刀枪，双拳直取猛虎，左手揪住项皮，右手挥拳，只一顿，将那只大虫打死，救了景公。景公嘉其勇，亦使与“五乘之宾”。公孙捷遂与田开疆、古冶子结为兄弟，自号“齐邦三杰”。挟功恃勇，口出大言，凌铄闾里，简慢公卿。在景公面前，尝以尔我相称，全无礼体。景公惜其才勇，亦姑容之。时朝中有个佞臣唤做梁丘据，专以先意逢迎取悦于君，景公甚宠爱之。据内则献媚景公，以固其宠；外则结交三杰，以张其党。况其时陈无宇厚施得众，已伏移国之兆，那田开疆与陈氏是一族，异日声势相倚，为国家之患，晏婴深以为忧。每欲除之，但恐其君不听，反结了三人之怨。

忽一日，鲁昭公以不合于晋之故，欲结交于齐，亲自来朝。景公设宴相待。鲁国是叔孙婼相礼，齐国是晏婴相礼。三杰带剑立于阶下，昂昂自若，目中无人。二君酒至半酣，晏子奏曰："园中金桃已熟，可命荐新，为两君寿。"景公准奏，宣园吏取金桃来献。晏子奏曰："金桃，难得之物，臣当亲往监摘。"晏子领钥匙去讫。景公曰："此桃自先公时，有东海人以巨核来献，名曰'万寿金桃'，出自海外度索山，亦名'蟠桃'，植之三十余年，枝叶虽茂，花而不实。今岁结有数颗，寡人惜之，是以封锁园门。今日君侯降临，寡人不敢独享，特取来与贤君臣共之。"鲁昭公拱手称谢。少顷，晏子引着园吏，将雕盘献上。盘中堆着六枚桃子，其大如碗，其赤如炭，香气扑鼻，真珍异之果也。景公问曰："桃实止此数乎？"晏子曰："尚有三四枚未熟，所以只摘得六枚。"景公命晏子行酒。晏子手捧玉爵，恭进鲁侯之前，左右献上金桃，晏子致词曰："桃实如斗，天下罕有；两君食之，千秋同寿！"鲁侯饮酒毕，取桃一枚食之，甘美非常，夸奖不已。次及景公，亦饮酒一杯，取桃食讫。景公曰："此桃非易得之物，叔孙大夫贤名著于四方，今又有赞礼之功，宜食一桃。"叔孙婼跪奏曰："臣之贤，万不及相国。相国内修国政，外服诸侯，其功不小。此桃宜赐相国食之，臣安敢僭？"景公曰："既叔孙大夫推让相国，可各赐酒一杯，桃一枚。"二臣跪而领之，谢恩而起。晏子奏曰："盘中尚有二桃，主公可传令诸臣中，言其功深劳重者，当食此桃，以彰其贤。"景公曰："此言甚善！"

即命左右传谕，使阶下诸臣，有自信功深劳重堪食此桃者，出班自奏，相国评功赐桃。公孙捷挺身而出，立于筵上，而言曰："昔从主公猎于桐山，力诛猛虎，其功若何？"晏子曰："擎天保驾，功莫大焉！可赐酒一爵，食桃一枚，归于班部。"古冶子奋然便出曰："诛虎未足为奇。吾曾斩妖鼋于黄河，使君危而复安，此功若何？"景公曰："此时波涛汹涌，非将军斩绝妖鼋，必至覆溺，此盖世奇功也！饮酒食桃，又何疑哉？"晏子慌忙进酒赐桃。只见田开疆撩衣破步而出曰："吾曾奉命伐徐，斩其名将，俘甲首五百余人，徐君恐惧，致赂乞盟。郯、莒畏威，一时皆集，奉吾君为盟主，此功可以食桃乎？"晏子奏曰："开疆之功，比于二将，更自十倍。争奈无桃可赐，赐酒一杯，以待来年。"景公曰："卿功最大，可惜言之太迟，以此无桃，掩其大功。"田开疆按剑而言曰："斩鼋打虎，小可事耳！吾跋涉千里之外，血战成功，反不能食桃，受辱于两国君臣之间，为万代耻笑，何面目立于朝廷之上耶？"言讫，挥剑自刎而死。公孙捷大惊，亦拔剑而言曰："我等微功而食桃，田君功大，反不能食。夫取桃不让，非廉也；视人之死而不能从，非勇也。"言讫，亦自刎。古冶子奋气大呼曰："吾三人义均骨肉，誓同生死，二人已亡，吾独苟活，于心何安？"亦自刎而亡。

景公急使人止之，已无及矣。鲁昭公离席而起曰："寡人闻三臣皆天下奇勇，可惜一朝俱尽矣。"景公闻言嘿然，变色不悦。晏婴从容进曰："此皆吾国一勇之夫，虽有微劳，何足挂齿？"鲁侯曰："上国如此勇将，还有几人？"晏婴对曰："筹策庙堂，威加万里，负将相之才者数十人；若血气之勇，不过备寡君鞭策之用而已，其生死何足为齐轻重哉！"景公意始释然。晏子更进觞于两君，欢饮而散。三杰墓在荡阴里。后汉诸葛孔明《梁父吟》，正咏其事：步出齐东门，遥望荡阴里。里中有三坟，累累正相似。问是谁家冢？田疆古冶子。力能排南山，文能绝地纪。一朝中阴谋，二桃杀三士。谁能为此者？相国齐晏子！

《晏子春秋·内篇谏上》

景公饮酒酣愿诸大夫无为礼晏子谏第二

景公饮酒酣，曰："今日愿与诸大夫为乐饮，请无为礼。"晏子蹴然改容，曰："君之言过矣。群臣固欲君之无礼也。力多足以胜其长，勇多足以弑其君，而礼不使也。禽兽以力为政，强者犯弱，故日易主。今君去礼，则是禽兽也。群臣以力为政，强者犯弱，而日易主，君将安立矣。凡人之所以贵于禽兽者，以有礼也，故《诗》曰：'人而无礼，胡不遄死。'礼不可无也。"公湎而不听。

少间，公出，晏子不起。公入，不起。交举则先饮。公怒色变，抑手疾视，曰："向者，夫子之教寡人无礼之不可也。寡人出、入不起，交举则先饮，礼也?"晏子避席再拜稽首而请曰："婴敢与君言忘之乎?臣以致无礼之实也。君若欲无礼，此是已。"公曰："若是，孤之罪也。夫子就席，寡人闻命矣。"觞三行，遂罢酒。盖是后也，饬法修礼，以治国政，而百姓肃也。

第七篇

深度忧患

不少人大胆地推测说晏婴制造“二桃杀三士”这个事件，背后有一个更深层的、不便挑明的原因。这个原因涉及一个敏感的姓氏、一个实力派牛人、一个即将昌盛于齐国的大家族。那么，这个姓氏是什么？这个牛人是谁？这个家族即将昌盛到什么程度呢？

这个敏感的姓氏就是田。这个牛人就是前面提到的田无宇。这个家族从公元前 672 年进入齐国开始，到公元前 386 年，历经十代，最终从姜子牙后代的手里夺取了政权。这个过程叫“田氏代齐”。那么晏婴跟这个事情有什么关系？他在其中发挥了什么样的作用呢？

一、一段敏感的传说

田家本不姓田，而姓陈。公元前 672 年，陈国公子陈完为了避难逃到齐国，改姓为田，叫田完。为什么改姓呢？因为逃亡国外，不想辱没祖先。为什么改姓田呢？因为古时候陈和田读音相近。后来齐国姓田的人几乎都是这个人的后代。

在陈完出生的时候，周太史给他占卜过。《左传》和《史记》对此事都有记载。周太史说，这个卦象是说陈完可能代替陈君拥有国家吧？也许不在陈国，而是在别的国家吧？但不是在他身上应验，而是在他子孙身上应验。如果是在别的国家，一定是在姜姓国家。这些话后来演变成一个传说——田氏代齐。

一个传说将会取代姜姓统治者的人出现了，这是一件非常敏感的事情。

但是当时的国君齐桓公没有在意，可能因为国家发展急需人才，所以他想封田完为卿。卿的地位仅次于国君，可见齐国当时的人才政策和开放程度。那么田完接受了吗？没有。为什么呢？

田完是这样说的："像我这样的客居小臣，能够得到容留，就该感激您的恩德，我得到的已经太多了。不能以我的身份和名声来玷污这样的高级职位，而引来朋友们的指责。"其实这些话隐含着他的担心，逃亡而来，立足未稳，如果以空降兵的姿态出现，会成为众矢之的，危险指数太高。

既然齐桓公想任命田完为卿，说明他很有才华。齐国的国策是"尊贤而上功"，有才华的人怎么能不用呢？不想当卿，那就当个"业务干部"吧。齐桓公于是任命他为工正。工正的职责就是管理国家的工业。

那么晏婴跟他是什么关系呢？早在齐桓公时代，晏家就有人在朝廷里做官。按照《管子》一书的记载，当时已经有一位晏子，主要负责在贵族子弟中选拔品行端正的人。按照当时的世袭制度推测，晏婴很可能就是这位晏子的后代。也就是说，晏家多年与田家同朝为官。而有趣的是，晏家的官在晏婴这一代做到最大，而田家又是在晏婴把官做大的时候开始昌盛的。

从田完开始至第五代，田家出了一位牛人——田无宇。田家在他的带领下昌盛起来。而在这个过程中，晏家和田家的关系一直良好。

按照《左传》的记载，鲁襄公六年，也就是公元前567年，田无宇跟随晏婴的父亲晏弱打败了莱国，并负责把莱国的传国宝器献于齐国的宗庙。晏弱派田无宇去完成这件事情，暗含栽培之意。晏弱去世以后谥号为"桓"，人称晏桓子；而田无宇去世后，谥号也是"桓"，人称田桓子，可见田无宇做事大有晏弱的风格，说明他从晏婴的父亲那里学到很多东西。因此，晏婴和田无宇之间的关系相比他人更为牢固。

比如，公元前 544 年，晏婴向齐景公退还土地并提出辞职，齐景公不同意，最后是通过田无宇做通了齐景公的工作。

再比如，公元前 539 年，晏婴在出使晋国回来后，把齐景公为他建造的豪宅拆了，仍然是通过田无宇做工作才取得了齐景公的谅解。

二、利诱的背后是野心

从田完开始的这四代人因为是逃亡而来，并且背着一个“田氏代齐”的传说，很担心惹祸，所以普遍谨慎低调，在政治上的作为不大。但是到了第五代田无宇，家族的能量再也捂不住了。而这一切都被晏婴看在了眼里。

公元前 539 年，晏婴出访晋国的时候，和晋国的大夫叔向有一段非常重要的谈话。

叔向问晏婴：“齐其何如？”齐国的形势怎么样？

晏婴回答说：“此季世也，吾弗知。齐其为田氏乎。”到尽头了，我也不知道会怎样。齐国大概会属于田氏吧。

晏婴为什么这样认为呢？

田完担任工正以后，掌握了生产资料、生产技术，控制着商品供应，并且做得非常出色。齐国工商业的繁荣离不开田家的贡献。当然在这个过程中，因为自家经营、国君奖励等，田家的经济实力也得到了提升。有了经济实力，田无宇就开始笼络民心。

最初，他从两个层面行动。

第一，他让人从山上伐木，拉到山下贩卖，不加运费，以与山上同样的价格卖出；从海边运来鱼盐海货，也不加运费，以与海边同样的价格卖出。

第二，当时齐国有四种量器，比如斗就是其中之一，国家通用的叫公量。田家也有自制的私家量器，叫私量。而田氏的私量比公量大一号。于是，齐国出现了“头号大傻瓜”——田无宇，他放贷的时候，使用私量，就是放得多；回收的时候，使用公量，就是收得少。一出一入，谁占了便宜呢？当然是百姓。

晏婴提倡“以民为本”，那么他怎么看待这个问题呢？

他的看法跟我们今天站在事后和局外的看法是一致的。田无宇这样做显然是别有用心，只是打着惠民的幌子而已。为什么呢？因为他激发了人性中的贪婪，利用了人类的劣根性。他这种搞法用来迷惑民众很有效，但形成的不良风气将会使整个社会走向堕落。人们看重物质利益并不可怕，因为这可以激发民众的创造力、促进经济发展、提升 GDP；可怕的是人们形成贪婪扭曲的不良心态，最后使不劳而获、坐享其成、偷奸耍滑、坑蒙拐骗之风盛行，这样下来，问题就大了。可见，同样是帮助百姓，晏婴是有针对性的救急和扶贫，而田无宇是收买人心。所以这件事情令晏婴有所警觉。

其实，这是晏婴在职业生涯中遇到的最让他纠结的事情。这也让他陷入了两难处境。为什么呢？

第一，晏婴主张“以民为本”。与齐景公“以政乱国，以行弃民”相比，田无宇实在是乐民惠民的好大夫。虽然明眼人一看就知道田无宇这样做别有用心，但毕竟让百姓短期受益。如果你没有能力给百姓更多的实惠，你就无法强制百姓拒绝这些诱惑；如果你站出来反对他的这种行为，还会引起百姓的不满，失去民心。所以，晏婴不应该制止这种行为。

第二，从职业的角度看，晏婴身为朝廷官员，拿的是朝廷俸禄，维护朝廷利益是他的基本职责。他看到有人危害朝廷，不能坐视不管，身为国相，总不能把自己在任时国家易主算作自己的功劳吧？所以，他应该采取相应的对策来阻止这种行为。

不管对不起国君，管又会引起百姓的不满，晏婴因此身陷两难处境。怎么办呢？

三、三个回合的较量

按照岗位职责，晏婴必须要管这样的事情。但他该怎么管是个策略问题。

可以想象一下，这个人是朝夕相处的同僚，他的家族已经为朝廷效力了五代，而且两家是知根知底的世交，这个人既有能力又得民心，还为国家立过战功，即使知道他别有用心，但他没犯过什么错误，所以找不到可以拿到台面上的理由来制止他。在这种情况下，以柔制柔就成了晏婴的最佳选择。

第一回合。

公元前539年，晏婴发现了田无宇的这种行为，但他无法正面阻止。于是，晏婴用“踊贵屦贱”来劝诫齐景公，让他宽惠于民。效果是齐景公的威信有所提高，而田无宇的收效不再那么明显。

在这一阶段，田无宇知道晏婴在帮助齐景公提升实力以压制自己，所以在机会合适的时候，也会借题发挥，攻击一下晏婴。

这一天，齐景公约晏婴和田无宇喝酒。田无宇看见晏婴，就半开玩笑半认真地说：“国君，今天要罚晏婴的酒。”

“为什么？”齐景公听说要罚酒，立马来了兴致。

“你看看他，穿着劣质的衣服，赶着一辆破车，这是掩藏国君的恩德啊，让天下人以为国君对臣下很吝啬。”

“哦，就是就是。”齐景公也觉得有道理，于是要罚晏婴喝酒。

“为什么？”晏婴觉得奇怪。

这个时候，田无宇说话了。他说：“国君给你高官厚禄，朝中没人比你级别高，没人比你俸禄高。可是你看看你现在这个模样，破衣烂

衫，破车老马，你这是掩藏了国君的赏赐，所以要罚你的酒。”

这个时候，晏婴怎么办呢？对方仿佛是在开玩笑，自己当然不能翻脸。他离开座位，先表示尊重，然后对齐景公说：“您看我是先喝了酒再解释，还是先解释了再喝酒呢？”

“那就先解释吧。”齐景公这个时候还是想表现得公道一些。

晏婴说：“国君给我高官厚禄，我都接受了，但我不是为了显摆，也不是为了聚财，而是为了彰显国君的赏赐。我接受了高官厚禄之后，如果没有做好本职工作，如果国民流离失所、生活无着，如果战车破旧、兵器不足，这些都是我的过错。至于坐破车来见国君，我想这不算是我的过错吧？再说，国君给我赏赐之后，我父亲这边的亲戚、我母亲那边的亲戚、我妻子那边的亲戚都得到了很好的照料。除此之外，我还接济了几百户贫困人家。怎么能说我掩藏了国君的赏赐呢？我这不是在彰显国君的恩德吗？”

晏婴这一番辩白说得有理有据，境界明显高于田无宇。于是齐景公转过头来：“说得好！该罚田无宇的酒。”

虽然晏婴在表面上占了便宜，但也让田无宇为自己找到了借口。你晏婴可以把国君的赏赐分给几百户人家做慈善，我田无宇为什么不能以大斗借小斗收来做公益呢？虽然从实际上看，两个人的差异是巨大的，一个在做慈善，一个在施行利诱，但齐景公和普通百姓是看不清楚这种差别的。

那么怎样才能看清其中的差别呢？在另一件事情上，晏婴表达了他的看法。齐景公听说晏婴吃得很差，打算送给他一大笔钱用来改善生活、加强营养。但晏婴坚决不接受。这个时候，晏婴说：“婴闻之，夫厚取之君而施之民，是臣代君君民也，忠臣不为也。”我听说，从国君那里获取很多然后施予百姓，这是代替国君统治百姓，忠臣是不会干这种事情的。很显然，田无宇的确该“无语”了。因为他天天惦记的就是"臣代君君民也"。这样的话在朝廷里一说，田无宇自然有所收敛。

所以这一来一往，各有斩获，而晏婴略显主动。

第二回合。

公元前532年，田无宇决心打破僵局，于是联合鲍家，打败了子良和子旗两家。在这一战中，晏婴一直保持中立态度，而这与他跟田无宇的关系不太相称。两家是世交，并且田无宇多次在国君面前帮他解围，而晏婴不帮田无宇，这有些说不过去。尽管没有得到晏婴的帮助，田无宇还是因为更有实力获得了胜利，并且想瓜分战败方的土地和财物。这个时候，晏婴说话了，劝他把土地和财物交给齐景公。田无宇照办了。晏婴的这个建议现在看起来有三大好处。

第一，有利于推广"廉政"的思想。他告诫田无宇贪婪是无益的，争夺财富可能会招来灾祸。廉政是晏婴重要的执政原则，对齐国国风有重要影响。这个目的达到了。

第二，可以提升齐景公的经济实力和军事实力，从而稳定齐国政局。这个目的也达到了。

第三，希望能够延缓田无宇的发展速度。这个目的不但没有达到，反而帮了田无宇一个大忙。

田无宇这个人的头脑非同一般。当他看见晏婴通过不断退让，居然逐渐成为齐国政治的中流砥柱之后，他一下子把问题想透了，弄清了进与退、舍与得的关系。因此他调整了策略，在政治和经济上，开始以退为进。他顺应晏婴的主张，不仅把战利品全部交给齐景公，还把私家的土地拿出来分给公子们，也包括前面讲到的公孙接，并且提出辞去重要职务。这一个举动打动了齐景公的母亲穆孟姬，最后在她老人家的主持下，田无宇接受了高唐这块封地。按照《左传》的记载，"陈氏始大"，也就是说，田家是从这个时候开始做大做强的。

所以在第二回合中，晏婴和田无宇勉强打了个平手。但是在下一回合中，晏婴就有点难以独立支撑了。

第三回合。

按照《史记·司马穰苴列传》的记载，有一天，齐景公接到消息，晋国和燕国来侵犯，并且把齐国的军队打败了。这一下，一心享受的国君心慌了。怎么办呢？晏婴推荐了一个以前没听说过的能人，名字叫田穰苴。

晏婴是怎么推荐的呢？他说："穰苴虽然是田氏的平民，但文能附众，武能威敌，希望国君能试试起用他。"

于是齐景公把田穰苴召来，同他讨论了军事问题，结果"大说之"，太喜欢他了，立即任命他为将军，让他带兵去抵抗燕晋之敌。

那么田穰苴表现如何呢？晏婴可谓慧眼识人！田穰苴的表现可谓优异！

他先通过杀掉没有按时到岗的宠臣来严明军纪，接着又深入士卒，分粮送药，安抚军心，使军威大振。晋、燕两国听说这种情况，就退兵了。这一仗下来，田穰苴深得齐景公的宠信，立即被任命为大司马，所以后来他又被称为司马穰苴。司马穰苴曾一度成为齐景公心中与晏婴和梁丘据并列的红人之一。齐景公说："没有晏婴、田穰苴，何以治吾国？没有梁丘据，何以乐吾身？"

因为司马穰苴是晏婴推荐的，所以两人关系良好。他们是维护齐国稳定的重要力量。这样一来，晏婴有了铁杆同盟，似乎又主动了。

晏婴没有想到的是，这件事情还是被田无宇利用了。田穰苴毕竟姓田，结果造成"田氏日以益尊于齐"。也就是田氏在齐国的地位越来越高。晏婴由主动陷入被动。后来，高家、国家、鲍家等感觉受到了威胁，进谗言陷害田穰苴。齐景公把他贬为平民，导致田穰苴发疾而死，

削弱了田家的势力。但由此揭开了一个盖子，让我们看到田家在军事领域的能力越来越强，强到震撼古今！

我们不妨看一看田家出现过的军事人物吧。

晏婴推荐田穰苴的时候说，田穰苴是田家的平民。而田家的平民中都能出留名青史的军事天才。司马迁专门为他做了《司马穰苴列传》。而且到现在还流传着一部与他密切相关的军事著作——《司马法》。

再接下来，不得了，一位被公认为最伟大的军事家诞生在田家，他就是孙子。按资料记载，孙子是田无宇的曾孙，跟田无宇有很长的交叉生活时间。为什么孙子不姓田呢？因为他的爷爷田书讨伐莒国有功，被齐景公赐姓为孙。

我们看到田家相继出现了田穰苴、孙武、孙膑、田忌、田单等著名的军事家。这种集中涌现一定是整个家族做过大量功课的结果，由此可见田无宇用心之深。“田忌赛马”这个故事中的三个人——齐威王、田忌、孙膑——都姓田，原来是老田家一家人在玩。

正是因为田无宇不断发展军事力量，而公孙接被他资助过，田开疆又属于田氏，所以才有不少人认为晏婴用二桃杀三士是想削弱田家的力量。但是，这种推测不太靠谱，原因有两个，第一个原因是想用两个桃子让三位猛士集体自杀，操作难度太大；第二个原因是晏婴从来没有对田无宇进行过正面打压，因为他坚信礼的力量。

四、维礼可以已之

当事情发展到公元前 516 年的时候，晏婴也捂不住了。这年冬天，晏婴终于把憋了二十多年的心里话说给了齐景公。

据《晏子春秋》记载，这一天，景公坐在寝宫里，对晏婴说：“美哉室，其谁将有此乎？”这房子可真漂亮啊，将来是谁的呢？

晏子回答道："它应该属于田氏。田无宇已经成气候了。"听到这话，齐景公反应过来了。虽然文献中没有直接记载，但从上下文可以看出，齐景公想要禁止田无宇做他所谓的"善事"。晏婴这个时候又说："为善者，君上之所劝也，岂可禁哉。"做善事是君王所鼓励的，岂能禁止啊！由此可见晏婴的纠结惋惜和无奈之情。晏婴于是把二十多年前跟晋国大夫叔向说过的话又说了一遍。为什么这么久才讲？

二十多年前，齐景公年轻气盛，心智不成熟，听了这样的话，要么跟田无宇对决，要么把晏婴出卖，太不安全。

这二十多年中，晏婴做了很多努力，希望齐景公能够励精图治、振兴齐国，从而把田无宇的问题化于无形。但是齐景公配合有限，所以效果一直不太理想。

二十多年后，晏婴眼见田无宇的威信越来越高、田家的军事能力越来越强，只有冒险挑明，才能尽臣子本分。

这样一来，隐形矛盾被挑明了，可变的矛盾被固定了，晏婴和田家就站在对立面上了。所以，晏家的风险指数在升高，这可能也是晏婴裸捐的一个直接原因。

这个时候，齐景公傻眼了，问晏婴："那现在怎么办啊？"

晏婴说："维礼可以已之。"只有礼可以阻止。

为什么这样说呢？如果符合礼，各家族对百姓的施舍不会达到国家施舍的水平，这样民众就不会迁移，农、工、商就不会改行。推行礼，就会使君王品德美好而不邪恶、臣子忠诚而不怀二心、父慈子孝、兄爱弟敬、夫和妻柔、姑慈妇听。

这个境界怎么样？齐景公一听就被迷住了，连声说："这回寡人算是知道礼的好处了！"推崇礼义廉耻会使"田氏代齐"失去文化基础，让民众从观念上不支持改变国姓。当环境被软化之后，田氏的力量也会被消磨，因此"田氏代齐"的步伐会有所放缓。

由此可见，晏婴的方法是打太极，是意识形态上的大包围。在他担任国相期间，这套办法行之有效。但时过境迁，物是人非，有效的办法不能坚持，“田氏代齐”也就无法阻挡了。晏婴去世一百多年后，田氏取代姜氏，成为齐国的统治者。

讲到这里，我们逐渐体会到晏婴工作的艰难。他面对的是什么呢？齐景公不争气，社鼠小人蝇营狗苟，猛臣悍将粗暴蛮横，野心勃勃的实力派又拉拢民心，所以他一边要治国理政，一边要同各种势力进行不同形式的较量或周旋。但是这些仅仅是他需要处理的国内事务，除此之外，晏婴还需要负责繁重的外交事务。那么，他是如何在国际舞台上交不失礼、维护国家利益的呢？

下篇继续讲述。

【原文摘编】

《史记·田敬仲完世家》（节选）

陈完者，陈厉公他之子也。完生，周太史过陈，陈厉公使卜完，卦得《观》之《否》：“是为观国之光，利用宾于王。此其代陈有国乎？不在此，而在异国乎？非此其身也，在其子孙。若在异国，必姜姓。姜姓，四岳之后。物莫能两大，陈衰，此其昌乎？”

《晏子春秋·内篇谏上》

景公贪长有国之乐晏子谏第十六

景公观于淄上，与晏子闲立。公喟然叹曰：“呜呼，使国可长保而传于子孙，岂不乐哉！”晏子对曰：“婴闻明王不徒立，百姓不虚至。今君以政乱国、以行弃民久矣，而欲保之，不亦难乎。婴闻之，能长保国者，能终善者也。诸侯并立，能终善者为长。列士并学，能终善者为师。昔先君桓公，方任贤而赞德之时，亡国恃以存，危国仰以安，是以民乐其政而世高其德，行远征暴，劳者不疾，驱海内使朝天子而诸侯不怨。当是时也，盛君之行不能进焉。及其卒而衰，怠于德而并于乐，身溺于妇侍而谋因于竖刀。是以民苦其政而世非其行，故身死乎胡宫而不举，虫出而不收。当是时也，桀、纣之卒不能恶焉。《诗》曰：‘靡不有初，鲜克有终。’不能终善者，不遂其君。今君临民若寇仇，见善若避热，乱政而危贤，必逆于众，肆欲于民而虐诛于下，恐及于身。婴之年老，不能待君使矣。行不能革，则持节以没世耳。”

《晏子春秋·外篇重而异者》

景公坐路寝曰谁将有此晏子谏第十

景公坐于路寝，曰：“美哉室，其谁将有此乎？”晏子对曰：“其田氏乎。田无宇为埠矣。”公曰：“然则奈何？”晏子对曰：“为善者，君上之所劝也，岂可禁哉。夫田氏，国门击柝之家，父以托其子，兄以托其弟，于今三世矣。山木如市不加于山，鱼盐蚌蜃不加于海，民财为之归。今岁凶饥，蒿种芼敛不半，道路有死人。齐旧四量，四升为豆，豆四而区，区四而釜，釜十而钟。田氏四量，各加一焉。以家量贷，以公量收，则所以籴，百姓之死命者泽矣。今公家骄汰，而田氏慈惠，国泽是将焉归？田氏虽无德而有施于民，公厚敛而田氏厚施焉。《诗》曰：‘虽无德与汝，式歌且舞。’田氏之施，民歌舞之也，国之归焉，不亦宜乎。”

《晏子春秋·外篇重而异者》

景公问后世孰将践有齐者晏子对以田氏第十五

景公与晏子立于曲潢之上，望见齐国，问晏子曰：“后世孰将践有齐国者乎？”晏子对曰：“非贱臣之所敢议也。”公曰：“胡必然也。得者无失，则虞、夏常存矣。”晏子对曰：“臣闻见足以知之者，智也；先言而后当者，惠也。夫智与惠，君子之事，臣奚足以知之乎。虽然，臣请陈其为政。君强臣弱，政之本也。君唱臣和，教之隆也。刑罚在君，民之纪也。今夫田无宇，二世有功于国，而利取分寡，公室兼之，国权专之，君臣易施，而无衰乎。婴闻之，臣富主亡。由是观之，其无宇之后为几。齐国，田氏之国也。婴老，不能待公之事，公若即世，政不在公室。”

公曰：“然则奈何？”晏子对曰：“维礼可以已之。其在礼也，家施不及国，民不懈，货不移，工贾不变，士不滥，官不谄，大夫不收公利。”

公曰：“善。今知礼之可以为国也。”对曰：“礼之可以为国也久矣，与天地并立。君令臣忠，父慈子孝，兄爱弟敬，夫和妻柔，姑慈妇听，礼之经也。君令而不违，臣忠而不二，父慈而教，子孝而箴，兄爱而友，弟敬而顺，夫和而义，妻柔而贞，姑慈而从，妇听而婉，礼之质也。”公曰：“善哉。寡人乃今知礼之尚也。”晏子曰：“夫礼，先王之所以临天下也，以为其民，是故尚之。”

《晏子春秋·内篇杂下》

景公以晏子食不足致千金而晏子固不受第十八

晏子方食，景公使使者至。分食食之，使者不饱，晏子亦不饱。使者反，言之公。公曰：“嘻。晏子之家，若是其贫也？寡人不知，是寡人之过也。”使吏致千金与市租，请以奉宾客。晏子辞。三致之，终再拜而辞曰：“婴之家不贫。以君之赐，泽覆三族，延及交游，以振百姓，君之赐也厚矣。婴之家不贫也。婴闻之，夫厚取之君而施之民，是臣代君君民也，忠臣不为也。厚取之君而不施于民，是为筐箧之藏也，仁人不为也。进取于君，退得罪于士，身死而财迁于它人，是为宰藏也，智者不为也。夫十总之布，一豆之食，足于中免矣。”

景公谓晏子曰：“昔吾先君桓公以书社五百封管仲，不辞而受，子辞之何也？”晏子曰：“婴闻之，圣人千虑，必有一失；愚人千虑，必有一得。意者管仲之失，而婴之得者耶？故再拜而不敢受命。”

《史记·司马穰苴列传》

司马穰苴者，田完之苗裔也。齐景公时，晋伐阿、甄，而燕侵河上，齐师败绩。景公患之。晏婴乃荐田穰苴曰：“穰苴虽田氏庶孽，然其人文能附众，武能威敌，愿君试之。”景公召穰苴，与语兵事，大说之，以为将军，将兵捍燕晋之师。穰苴曰：“臣素卑贱，君擢之闾伍之中，加之大夫之上，士卒未附，百姓不信，人微权轻，愿得君之宠臣国之所尊以监军，乃可。”于是景公许之，使庄贾往。穰苴既辞，与庄贾约曰：“旦日日中会于军门。”穰苴先驰至军，立表下漏待贾。贾素骄贵，以为将己之军而己为监，不甚急；亲戚左右送之，留饮。日中而贾不至。穰苴则仆表决漏，入，行军勒兵，申明约束。约束既定，夕时，庄贾乃至。穰苴曰：“何后期为？”贾谢曰：“不佞大夫亲戚送之，故留。”穰苴曰：“将受命之日则忘其家，临军约束则忘其亲，援枹鼓之急则忘其身。今敌国深侵，邦内骚动，士卒暴露于境，君寝不安席，食不甘味，百姓之命皆悬于君，何谓相送乎！”召军正问曰：“军法期而后至者云何？”对曰：“当斩。”庄贾惧，使人驰报景公，请救。既往，未及反，于是遂斩庄贾以徇三军。三军之士皆振栗。久之，景公遣使者持节赦贾，驰入军中。穰苴曰：“将在军，君令有所不受。”问军正曰：“驰三军法何？”正曰：“当斩。”使者大惧。穰苴曰：“君之使不可杀之。”乃斩其仆，车之左驸，马之左骖，以徇三军。遣使者还报，然后行。士卒次舍井灶饮食，问疾医药，身自拊循之。悉取将军之资粮享士卒，身与士卒平分粮食，最比其羸弱者。三日而后勒兵。病者皆求行，争奋出为之赴战。晋师闻之，为罢去。燕师闻之，度水而解。于是追击之，遂取所亡封内故境而引兵归。未至国，释兵旅，解约束，誓盟而后入邑。景公与诸大夫郊迎，劳师成礼，然后反归寝。既见穰苴，尊为大司马。田氏日以益尊于齐。

已而大夫鲍氏、高、国之属害之，谮于景公。景公退穰苴，苴发疾而死。田乞、田豹之徒由此怨高、国等。其后及田常杀简公，尽灭高子、国子之族。至常曾孙和，因自立，为齐威王，用兵行威，大放穰苴之法，而诸侯朝齐。

齐威王使大夫追论古者《司马兵法》而附穰苴于其中，因号曰《司马穰苴兵法》。

太史公曰：余读《司马兵法》，闳廓深远，虽三代征伐，未能竟其义，如其文也，亦少褒矣。若夫穰苴，区区为小国行师，何暇及《司马兵法》之揖让乎？世既多《司马兵法》，以故不论，著穰苴之列传焉。

《晏子春秋·内篇杂上》

景公夜从晏子饮晏子称不敢与第十二

景公饮酒，夜移于晏子之家。前驱款门曰："君至。"晏子被玄端，立于门，曰："诸侯得微有故乎？国家得微有事乎？君何为非时而夜辱？"公曰："酒醴之味，金石之声，愿与夫子乐之。"晏子对曰："夫布荐席、陈簠簋者有人，臣不敢与焉。"

公曰："移于司马穰苴之家。"前驱款门曰："君至。"穰苴介胄操戟立于门，曰："诸侯得微有兵乎？大臣得微有叛者乎？君何为非时而夜辱？"公曰："酒醴之味，金石之声，愿与夫子乐之。"穰苴对曰："夫布荐席、陈簠簋者有人，臣不敢与焉。"

公曰："移于梁丘据之家。"前驱款门曰："君至。"梁丘据左操瑟，右挈竽，行歌而出。公曰："乐哉，今夕吾饮也。微彼二子者，何以治吾国。微此一臣者，何以乐吾身。"君子曰："圣贤之君，皆有益友，无偷乐之臣。景公弗能及，故两用之，仅得不亡。"

第八篇

外交名家

关于晏婴，还有一个脍炙人口的故事，即“晏子使楚”。说小点，这个故事能体现出晏婴的口才；说大点，能体现出晏婴的外交才能。晏婴既要忙着处理国内事务，又要处理外交事务。他在任期间，出使过晋国、楚国、鲁国、吴国等，为改善齐国的外部环境做出了巨大贡献，可以说是一位外交名家。按照吴国国王的说法，他是“辩于辞、习于礼者”（《晏子春秋》）。也就是说，他取得的外交成就与他能言善辩、熟悉礼仪有密切关系。

一、三个玩笑声名扬

首先，晏婴的确是一位口才大师。我们在“晏子使楚”这个故事中可以清楚地感受到这一点。这个故事在以前的小学语文课本中就能读到。

据《晏子春秋》记载，在晏婴到达楚国之前，楚王想做一些“准备”。他对大臣们说：“晏婴是齐国人中能言善辩的，他这次来，我想羞辱他一下。”所以，接下来发生的事情是一次有预谋的行动，并且是一个连环设计。

第一次羞辱。

晏婴到楚国了。“楚人以晏子短，为小门于大门之侧而延晏子。”楚国人在大门旁边修了个小门，请晏子从小门进。甭开大门了，你个子那么小，就从这个小门进去吧。

晏婴看了看这个小门，对迎接的人说："使狗国者从狗门入，今臣使楚，不当从此门入。"出使狗国的人从狗门进入，我今天出使的是楚国，不应该从这个门进入。晏婴的话虽然有讽刺意味，但暗含着楚国是人国的意思。晏婴没直接说楚国就是狗国，所以是绵里藏针，算是给楚王留了面子。迎接的人无奈，只好请晏婴从大门进入。

第一次羞辱没成功，第二次羞辱就来了。

第二次羞辱。

楚王看见晏婴，不客气地说："齐无人耶，使子为使？"齐国难道没有人了吗，让你当使节？所谓没人，不是说人口稀少，而是说人才稀缺。

但是晏婴在这个时候装傻充愣、避重就轻。他说，齐国首都临淄城中的人多到"张袂成阴，挥汗成雨，比肩继踵"，怎么能说无人呢？晏婴一口气创造出三个成语，这口才简直是空前绝后。

于是楚王说："然则何为使子？"那为什么派你当使节呢？

晏婴之所以装傻充愣、避重就轻，是为了引蛇出洞，让楚王把话挑明。现在目的达到了，怎么办？立即拖楚王下水，猛打七寸，他说："我们国家派使节有个规定，其贤者使使贤主，不肖者使使不肖主。婴最不肖，故宜使楚矣。”晏婴这话的意思是：“贤明的人就派他去造访贤明的君主，不贤明的人就派他去造访不贤明的君主。我最不贤明，所以最适合出使楚国。”

两次羞辱都被挫败，楚王服了吗？没有。第三次羞辱马上就来了。

第三次羞辱。

楚王哈哈一笑，请晏婴坐下喝酒。喝得正起劲，两个当差的押着一个犯人从楚王面前经过。楚王问：“押的什么人？”当差的回答：“齐国人，犯了盗窃罪。”这个时候，楚王笑眯眯地看着晏婴，说：“齐人固善盗乎？”齐国人天生就喜欢偷东西吗？

从到达楚国开始，接连受到三次羞辱，晏婴心里窝不窝火？当然很窝火。但是在这种关键时刻，怎么办呢？当场翻脸，恶语相加？拂袖而去，结个梁子？默不作声，逆来顺受？唯唯诺诺，丧失尊严？环顾左右，打个哈哈？岔开话题，摆脱尴尬？这些可能是不同人的不同反应。但是，晏婴毕竟是口才大师，越是在这种时候，越能体现出他超强的能力。

晏婴站起身，离开座席，表示恭敬。在说难听的话以前表示恭敬除

了可显示礼貌，还可让对方放松情绪、避免暴怒。所以，骂人的话要笑着说，重要的话要小声说。然后，他说："我听说，橘生淮南则为橘，生于淮北则为枳，尽管它们叶子相似，其实味道不同。"实际上，枳是没法吃的。为什么呢？晏婴解释说："因为水土不同。"晏婴在这个时候说这个干什么？好像与主题无关呀。别着急，马上就说到重点了："今民生长于齐不盗，入楚则盗，得无楚之水土使民善盗耶？"如今这个人生长于齐国不偷盗，到了楚国就偷盗，难道是楚国的水土让人喜欢偷盗吗？这回，楚王服了。

这是一个精彩的故事。通过这个故事，我们可以感受到如下几点：

1. 外交的根本目的是改善外部环境、加强友好关系，这是国家利益决定的。所以在楚人羞辱他个人的时候，晏婴必须牢记使命，不可意气用事。

2. 在外交场合，半真半假的玩笑也是国与国之间常见的较量形式。这种玩笑如果你开不起，则失风度；如果开不过，则没水平。怎样才能开得起又开得过呢？首先要有良好的心理素质。晏婴遇事不慌，沉着应战，因此才有如此凌厉的反应。除了良好的心理素质，当然还需要良好的口才。在这个故事中，晏婴主要运用了两大辩论技巧，一是类比法，二是归谬法。类比法容易理解，而所谓归谬就是用对方的思路来证明对方的错误。晏婴用橘子进行类比，然后得出"楚国水土让人喜欢偷盗"的结论，这口才的确卓越！

所以，气度和能力使晏婴不辱使命。这是这个故事正面的意义。

但这个故事也给晏婴带来了负面影响。因为受儒家文化的影响，很多人推崇"敏于行，讷于言"，口才好也可能被误解为巧舌如簧、油嘴滑舌、言过其实、口蜜腹剑等。所以，在因"二桃杀三士"事件遭受争议的同时，晏婴又被贴上能言善辩的标签，这让很多人对晏婴失去了好感。

那么晏婴能在外交活动中游刃有余，能成为国际舞台上的外交名家，是不是仅仅靠一张嘴呢？当然不是！因为“辩于辞”必须以“习于礼”为基础。

二、两次礼节获赞誉

按照《晏子春秋》的记载，晏子曾奉命出使吴国。吴王与楚王有同样的心思，想要挑战一下这位外交高手。他对接待的官员说：“听说晏婴能言善辩、熟悉礼节，明天他来的时候，就声称‘天子有请’。”吴王为什么要这样安排呢？目的就是试探一下晏婴是否真守礼节。因为周天子比吴王的地位高一级，如果以面见天子之礼面见吴王，就越礼了。总之，如果晏婴一疏忽、一迁就，其形象就会一落千丈。所以，这是一次“钓鱼行动”。

第二天，晏婴有事来见。接待的官员喊了一声：“天子请见！”

晏婴听了这话，立即做出很恭敬的样子。晏婴真的以为天子到了吗？没有，因为他只做出恭敬的样子，却不挪动脚步。

接待的官员又喊了一遍：“天子请见！”

晏婴依然恭敬地站着，又运用装傻充愣的办法了。

接待的官员又喊了一遍：“天子请见！”

三声过后，晏婴很恭敬地拜了三拜，说：“下臣我受鄗国国君的命令，前来出使吴国、面见吴王。只因为我愚笨而感到迷茫疑惑，误入了天子的朝廷。我斗胆请问，吴王在哪儿啊？”

晏婴一没就范，二没指责，只是用装糊涂的办法坚守了礼节。虽然吴王想让晏婴做出越礼的事情，但晏婴敏锐地识破了他的计谋。换作普通人，碍于面子，迫于情势，就可能出现纰漏、陷入被动。

其实，晏婴运用礼节不仅能维护国家和自身形象，还能保卫国家安全。

按照《晏子春秋》的记载，晋国想要讨伐齐国，由于齐国也是大

国，所以晋国不敢轻举妄动，就派人到齐国探探虚实。晋国派的这个人叫范昭。

齐国人本来就好客，齐景公又特别喜欢喝酒，便招待范昭喝酒。喝得正起劲的时候，范昭突然起身说："把齐君你用的酒杯递给我。"

齐景公说："把寡人的杯子斟满酒递过去。"

这个时候，范昭已经是无礼冒犯了。他是大夫身份，又是来宾，要求使用齐国国君的酒杯，也就是要跟齐国国君平起平坐，这个举动实在生猛无礼。看见这么生猛无礼的举动，晏婴当然不会坐视不管。于是等范昭喝完这杯，晏婴下令："彻樽，更之。"也就是晏婴要求把这个酒樽撤了，换成别的。

范昭的无礼行为遭到了直截了当的回应。他该怎么办呢？既然是在酒桌上，喝醉就是最好的保护伞。无论说过什么、做过什么，一句喝醉了就可以化解掉部分尴尬，少承担一些责任。相反，受害的一方如果计较酒后的言行，还会让人觉得小气。范昭也如法炮制。

他假装喝醉，然后气哼哼地起身跳舞。他要求乐师为他演奏周王朝的音乐做伴奏。令他没想到的是，这位乐师也不买账，对他说："冥臣不习。"我这个目盲的小臣没练过，不会演奏。

这一来，范昭两处受挫，很郁闷，于是快步走出，回去洗洗睡了。

看见范昭离开，齐景公心里惴惴不安。他问晏婴："晋国是大国，派人来观察我们的国政。如今却激怒了大国使节，你们打算怎么办?"

晏婴早知有此一问，早把这件事想明白了。他说："范昭不是粗陋、不讲礼节的人。他之所以这样做，是为了试探我们君臣，看看我们好不好欺负，所以我阻止了他。"

"行行行，算你狠，那么乐师呢？你跟着起什么哄？为什么不为来宾演奏周王朝的音乐呢?"

乐师是怎么说的呢？"周王朝的音乐是天子享用的音乐，演奏这种音乐，一定是天子配舞。而范昭只是大夫，所以下臣我不能越礼演奏。”

看来，在晏婴的领导下，礼已经在齐国得到深入贯彻。为什么晏婴要让范昭看到齐国人守礼呢？很显然，一个守礼的国家管理有序、政令畅通，当然具有号召力、执行力、战斗力。

齐国这一边有齐国的想法，那么晋国是怎么想的呢？

范昭回国向晋国国君晋平公汇报：“齐未可伐也。”我们不能攻打齐国。

“为什么？”“因为我的试探被晏婴识破不说，甚至还被乐师看穿了，看来齐国能人辈出、管理有序，莽撞不得。”晋国于是取消了攻打齐国的计划。

其实，对于这件事情，我们不用多说什么。因为早在两千多年前，孔子就已经进行了非常精彩的点评。他说：“善哉。不出尊俎之间，而折冲于千里之外，晏子之谓也，而太师其与焉。”太妙了！不出筵席之间，就让千里之外的敌人退却了，说的就是晏子啊，而乐师也参与了这件事。

这就是成语“折冲樽俎”的由来。能够在推杯换盏之间，谈笑风生地树立国威，让千里之外的敌人望而生畏，从而打消进犯的念头，这种智慧值得我们好好学习。而这种智慧的载体是什么呢？礼！

礼是什么？从表面上看，礼是礼节，是一些规定动作；其实，礼是承载着道德追求的行为规范和交往制度。我们见老人行礼，如果内心没有尊敬之意，鞠躬就是个简单的动作，是一个冷冰冰的礼节而已。虽然看起来也有秩序，但时间长了、次数多了，会变得令人厌倦。只有心存敬意，鞠躬才会变成真正的“礼”。所以，礼是感情和行为的结合形式，进而是文化与制度、德和法的结合方式。所以说，礼可以治国，可以禁暴，甚至可以却敌。

如果认为晏婴能够行走江湖、誉满天下，只是凭借“辩于辞”和“习于礼”，那就想得太简单了。“辩于辞”的基础是“习于礼”，而“习于礼”的核心是什么呢？其核心恰好是晏婴提倡的“谋度于义”。

三、一场没打成的战争

晏婴有一句名言：“谋度于义者必得，事因于民者必成。”（《晏子春秋》）即谋划事情符合道义就能实现，做事顺乎民心就能成功。所以，“谋度于义”是晏婴的重要主张之一，也是他在处理外交事务时坚守的主要原则之一。

按照《晏子春秋》的记载，有一天，齐景公突然想要讨伐鲁国。打仗毕竟是国家大事，所以齐景公需要问问国相晏婴。

齐国、鲁国是邻国，关系很难说清。说他们是睦邻关系可以，因为两国结过盟，并且世代通婚，一边的国君经常是另一边国君的外甥；说他们是敌对关系也可以，因为两国打过很多大大小小的仗，舅舅和外甥经常 PK（对决）。以前中学语文课本中的《曹刿论战》讲的就是一场齐国和鲁国的战争，也是一场舅舅和外甥之间的战争。

那么这一次晏婴是怎么表态的呢？他说：“不可！”

为什么不可以？因为“谋度于义”，也就是谋划事情要从道义出发，而讨伐鲁国不符合道义。晏婴给出的理由是：“鲁公好义而民戴之。”鲁国国君好施仁义，所以百姓拥戴他。好施仁义，国家就安定，受人拥戴，关系就亲和，鲁国可以说是安和之国。齐国虽大，但国君贪图享乐，横征暴敛，民不聊生，可以说是危乱之国。这种危乱之国想要讨伐安和之国，肯定会自讨苦吃。所谓“攻义者不祥，危安者必困”，攻击仁义的国君不吉祥，危害安定的国家必然陷入困境。因此，尽管现在跟鲁国有矛盾，这个仗还是不打为好。

但是齐景公坚持要打，怎么办呢？晏婴最后提出了一个缓兵之计。

他说："我们不如先专心治理政事，等待对方把自己搞乱，在他们内部离心离德的时候再行讨伐，这样在道义和民心上都会得到支持。"

说到这儿，齐景公说："善。"齐景公于是打消了讨伐鲁国的念头。

晏婴就这样使鲁国避免了一场战争。鲁国人民也应该感谢晏婴。其实，人类社会最大的"义"是什么？就是和平！所以，晏婴在与各路诸侯打交道时，都在不断倡导和平共处。

比如，他对吴王说过："不以威强退人之君，不以众强兼人之地。"不凭威武之强压制别国国君，不凭人多势众兼并别国土地。

再比如，他对鲁昭公说过："傲大贱小则国危……事大养小，安国之器也。"傲视大国、轻视小国，国家就会危险，怎么办呢？侍奉大国、帮助小国，是使国家安宁的方法。

由此看来，晏婴的外交特色是坚持和平外交。

当然，坚持和平外交并非不积极竞争。但是竞争应该"谋度于义"，就是从义的角度进行筹划。所以他认为一位君主需要做到如下几条，才能在"国际"上获得崇高威望。哪几条呢？

第一，必须先练内功，让自身强大起来，这样才能让国外不友好的势力顺服，才能站稳脚跟。这样，全世界都不敢欺负他。

第二，"不劫人以兵甲，不威人以众强，故天下皆欲其强"，即不用武力掠夺别人，不以人多势众来威胁别人，所以全天下都希望他强大。

第三，"德行教训加于诸侯，慈爱利泽加于百姓，故海内归之若流水"，即对诸侯施以仁德教化，对百姓给予慈爱恩泽，所以天下人就会像流水一样归顺于他。

晏婴的这套竞争策略主要继承了管仲的思想。第一条即先让自身强大起来，是后面两条的基础。遗憾的是，齐景公并不给力，齐国的综合国力仅能达到与晋国和楚国相当的水平。

讲到这里，我们看到，晏婴在处理外交事务的过程中，讲道义、懂

礼节、擅言辞，留下了很多经典故事，是当之无愧的外交名家。但是晏婴毕竟是人而不是神，他的外交经历也有一处瑕疵，令人感到遗憾。那么这个瑕疵是怎么来的呢？

四、几句没憋住的话

我们在上一篇讲过，公元前539年，晏婴出访晋国，与晋国大夫叔向有一段对话。

叔向是春秋时期的一位名人，在《左传》中的出镜率远远高于晏婴，在《晏子春秋》中的出镜率仅次于晏子、齐景公和梁丘据。叔向与晏婴有很多相似之处，他也历经晋国三位国君，同样是著名的贤臣、政治家和外交家，也十分重视礼。所以，两人是惺惺相惜，见了面自然有很多掏心窝子的话说。

但是这个心窝实在掏得太深了。按今天的话说，叫违反了外事纪律。

两个人吃饭，叔向问晏婴："齐其何如？"齐国的形势怎么样？

晏婴回答道："此季世也，吾弗知。齐其为田氏乎。"到尽头了，我也不知道会怎样。齐国大概会属于田氏吧。

然后，晏婴讲了一大段话，用来论证他的判断。他讲了齐景公如何压榨百姓，比如征税比例达到百姓收入的三分之二，百姓仅靠收入的三分之一生活；比如国库里的财物腐烂生虫，百姓却挨饿受冻；比如滥用刑罚，动辄砍脚，导致踊贵屦贱，也就是假肢贵、鞋便宜。眼见百姓生活在水深火热之中，田氏就出面抚恤。田家从山上运来木柴，不加运费就卖给百姓；从海边运来食盐、海鲜，同样不加运费就卖给百姓。这还不算猛，最猛的是田家往外借粮食的时候用大斗，往回收粮食的时候用小斗，大斗出小斗进，这一下不得了，百姓当然更希望搬到田氏的地盘上生活，当然更希望田家人当家做主了。因此，晏婴充满忧患地说，过去殷纣王残暴，而周文王慈惠，所以天下归之。现在这个搞法，齐国早晚属于田氏。

说到这里，晏婴等于把自己国家的内情泄露给了异国重臣。而这个异国呢，又是当时的霸主，还曾经多次与齐国交战。这个做法当然不符合外事纪律。所幸的是叔向并无歹意。因为叔向听罢，心生同感，不禁叹息一声，说晋国“亦季世也”，晋国现在也走到尽头了。他于是也满怀悲愤地数落了自己的国君。

这幅画面就像两个公司的副总谈业务，公事公办之后，两个人借吃饭的机会，各自把自己的老总数落了一番，其实这是人之常情、普遍现象，但是这种行为不应该提倡，尤其是在外事活动中，更需要禁止。抱怨自己国家的君主，总归是不合礼节的行为。所以，《左传》的作者专门为晏婴的这个做法做了解释。在写完晏婴和叔向的对话之后，又写到晏婴用“踊贵屦贱”劝谏齐景公，接着突然写了一句“既已告于君，故与叔向语而称之”，因为已经把此话告诉国君了，所以跟叔向谈话的时候说了这个。这句话明显是替晏婴解释，但越描越黑，说明《左传》的作者也不认同晏婴跟叔向谈论这个话题。

那么，高度重视礼义廉耻的晏婴为什么会给自己留下这么一处瑕疵呢？他难道不知道这样做会遭到质疑吗？其实，从正常人的情感分析，这处瑕疵应该是晏婴心里的孤独感造成的。他在齐国为自己确定了那么高的道德标准，规划了那么好的执政愿景，但是齐景公不争气，小人们蝇营狗苟，猛臣悍将蛮横粗暴，实力派又拉拢民心，在这种情况下，他这些话在国内实在无人可说、无处可说。于是，在他觉得安全的情况下，没有憋住，跟叔向交了一回心。高处不胜寒，晏婴只有向最知心的朋友倾诉自己的孤独。这说明晏婴也有脆弱的一面。

人在一生中都会有朋友，但是朋友的类型有不同。有的朋友可以相知，但不能相助；有的朋友可以相助，但无法相知。其实，在晏婴的一生中，他与孔子交往频繁，留下了不少故事。那么，晏婴与孔子算不算朋友呢？如果算的话，他们的关系怎么样？是可以相知，还是可以相助，还是更加复杂微妙呢？

下篇继续讲述。

【原文摘编】

《晏子春秋·内篇杂下》

晏子使楚楚为小门晏子称使狗国者入狗门第九

晏子使楚，楚人以晏子短，为小门于大门之侧而延晏子。晏子不入，曰："使狗国者从狗门入，今臣使楚，不当从此门入。"傧者更道从大门入。见楚王，王曰："齐无人耶，使子为使？"晏子对曰："齐之临淄三百闾，张袂成阴，挥汗成雨，比肩继踵而在，何为无人？"王曰："然则何为使子？"晏子对曰："齐命使，各有所主。其贤者使使贤主，不肖者使使不肖主。婴最不肖，故宜使楚矣。"

《晏子春秋·内篇杂下》

楚王欲辱晏子指盗者为齐人晏子对以橘第十

晏子将使楚，楚王闻之，谓左右曰："晏婴，齐之习辞者也，今方来，吾欲辱之，何以也？"左右对曰："为其来也，臣请缚一人，过王而行。王曰：'何为者也？'对曰：'齐人也。'王曰：'何坐？'曰：'坐盗。'"

晏子至，楚王赐晏子酒。酒酣，吏二缚一人诣王。王曰："缚者曷为者也？"对曰："齐人也，坐盗。"王视晏子曰："齐人固善盗乎？"晏子避席对曰："婴闻之，橘生淮南则为橘，生于淮北则为枳，叶徒相似，其实味不同。所以然者何？水土异也。今民生长于齐不盗，入楚则盗，得无楚之水土使民善盗耶？"王笑曰："圣人非所与熙也，寡人反取病焉。"

《晏子春秋·内篇杂下》

晏子使吴吴王命傧者称天子晏子详惑第八

晏子使吴，吴王谓行人曰：“吾闻晏婴，盖北方辩于辞、习于礼者也。命傧者曰：‘客见则称天子请见。’”明日，晏子有事，行人曰：“天子请见。”晏子蹴然。行人又曰：“天子请见。”晏子蹴然。又曰：“天子请见。”晏子蹴然者三，曰：“臣受命弊邑之君，将使于吴王之所，以不敏而迷惑，入于天子之朝，敢问吴王恶乎存？”然后吴王曰：“夫差请见。”见之以诸侯之礼。

《晏子春秋·内篇杂上》

晋欲攻齐使人往观晏子以礼侍而折其谋第十六

晋平公欲伐齐，使范昭往观焉。景公觞之，饮酒酣，范昭起曰：“请君之弃樽。”公曰：“酌寡人之樽，进之于客。”范昭已饮，晏子曰：“彻樽，更之。”樽觯具矣，范昭佯醉，不说而起舞，谓太师曰：“能为我调成周之乐乎？吾为子舞之。”太师曰：“冥臣不习。”范昭趋而出。景公谓晏子曰：“晋，大国也，使人来将观吾政，今子怒大国之使者，将奈何？”晏子曰：“夫范昭之为人也，非陋而不知礼也，且欲试吾君臣，故绝之也。”景公谓太师曰：“子何以不为客调成周之乐乎？”太师对曰：“夫成周之乐，天子之乐也，调之，必人主舞之。今范昭人臣，欲舞天子之乐，臣故不为也。”范昭归，以报平公曰：“齐未可伐也。臣欲试其君，而晏子识之。臣欲犯其乐，而太师知之。”于是辍伐齐谋。仲尼闻之曰：“善哉。不出尊俎之间，而折冲于千里之外，晏子之谓也，而太师其与焉。”

《晏子春秋·内篇问上》

景公问谋必得事必成何术晏子对以度义因民第十二

景公问晏子曰：“谋必得，事必成，有术乎？”晏子对曰：“有。”

公曰："其术如何？"晏子曰："谋度于义者必得，事因于民者必成。"公曰："奚谓也？"对曰："其谋也，左右无所系，上下无所縻，其声不悖，其实不逆，谋于上不违天，谋于下不违民，以此谋者必得矣。事大则利厚，事小则利薄，称事之小大，权利之轻重，国有义劳，民有加利，以此举事者必成矣。夫逃义而谋，虽成不安。傲民举事，虽成不荣。故臣闻：义，谋之法也；民，事之本也。故反义而谋，倍民而动，未闻存者也。昔三代之兴也，谋必度于义，事必因于民。及其衰也，建谋反义，兴事伤民。故度义因民，谋事之术也。"公曰："寡人不敏，闻善不行，其危如何？"对曰："上君全善，其次出入焉，其次结邪而羞问。全善之君能制出入之君。时问之君虽日危，尚可以没身。羞问之君不能保其身。今君虽危，尚可没其身也。"

《晏子春秋·内篇问上》

景公问伐鲁晏子对以不若修政以待其乱第三

景公举兵欲伐鲁，以问晏子。晏子对曰："不可。鲁公好义而民戴之，好义者安，见戴者和，伯禽之治存焉，故不可攻。攻义者不祥，危安者必困。且婴闻之，伐人者德足以安其国，政足以和其民，国安民和，然后可以举兵而征暴。今君好酒而辟，德无以安国，厚藉敛而急使令，政无以和民。德无以安之则危，政无以和之则乱。未免乎危乱之理，而欲伐安和之国，不可，不若修政而待其君之乱也。民离其君，上怨其下，然后伐之，则义厚而利多。义厚则敌寡，利多则民欢。"公曰："善。"遂不果伐鲁。

《晏子春秋·内篇问下》

吴王问保威强不失之道晏子对以先民后身第十一

晏子聘于吴，吴王曰："敢问长保威强勿失之道若何？"晏子对曰："先民而后身，先施而后诛。强不暴弱，贵不凌贱，富不傲贫。百姓并进，有司不侵，民和政平。不以威强退人之君，不以众强兼人之地。其用法为时禁暴，故世不逆其志；其用兵为众屏患，故民不疾其劳。此长保威强勿失之道也。失此者危矣。”吴王忿然作色不说。晏子曰：“寡君之事毕矣，婴无斧锧之罪，请辞而行。”遂不复见。

《晏子春秋·内篇问下》

鲁昭公问安国众民晏子对以事大养小谨听节敛第十四

晏子聘于鲁，鲁昭公问曰：“子大夫俨然辱临敝邑，窃甚嘉之。寡人受贶，请问安国众民如何?”晏子对曰：“婴闻傲大贱小则国危，慢听厚敛则民散。事大养小，安国之器也。谨听节敛，众民之术也。”

《晏子春秋·内篇问上》

景公问圣王其行若何晏子对以衰世而讽第五

景公外傲诸侯，内轻百姓，好勇力，崇乐，以从嗜欲，诸侯不说，百姓不亲。公患之，问于晏子曰：“古之圣王，其行若何?”晏子对曰：“其行公正而无邪，故谗人不得入。不阿党，不私色，故群徒之卒不得容。薄身厚民，故聚敛之人不得行。不侵大国之地，不秏小国之民，故诸侯皆欲其尊。不劫人以兵甲，不威人以众强，故天下皆欲其强。德行教训加于诸侯，慈爱利泽加于百姓，故海内归之若流水。今衰世君人者，辟邪阿党，故谗谄群徒之卒繁。厚身养，薄视民，故聚敛之人行。侵大国之地，秏小国之民，故诸侯不欲其尊。劫人以兵甲，威人以众强，故天下不欲其强。灾害加于诸侯，劳苦施于百姓，故仇敌进伐，天下不救，贵戚离散，百姓不与。”

公曰：“然则何若?”对曰：“请卑辞重币以说于诸侯，轻罪省功以谢于百姓，其可乎。”公曰：“诺。”于是卑辞重币而诸侯附，轻罪省功而百姓亲。故小国入朝，燕、鲁共贡。墨子闻之曰：“晏子知道，道在为人，而失在为己。为人者重，自为者轻。景公自为，而百姓不与。为人，而诸侯为役。则道在为人，而行在反己矣，故晏子知道矣。”

《晏子春秋·内篇问下》

晋叔向问齐国若何晏子对以齐德衰民归田氏第十七

晏子使于晋，叔向从之宴，相与语。叔向曰：“齐其何如?”晏子对曰：“此季世也，吾弗知。齐其为田氏乎。”

叔向曰：“何谓也?”晏子曰：“公弃其民，而归于田氏。齐旧四量，豆、区、釜、钟。四升为豆，各自其四，以登于釜，釜十则钟。田氏三量，皆登一焉，钟乃巨矣。以家量贷，以公量收之。山木如市，弗加于山，鱼盐蜃蛤，弗加于海。民参其力，二入于公，而衣食其一。公积朽蠹，而老少冻馁。国之都市，屦贱而踊贵。民人痛疾，或燠休之。昔者殷人诛杀不当，僇民无时，文王慈惠殷众，收恤无主，是故天下归之。民无私与，维德之授。今公室骄暴，而田氏慈惠，其爱之如父母，而归之如流水，欲无获民，将焉避之？箕伯、直柄、虞遂、伯戏，其相胡公、太姬已在齐矣。”

叔向曰：“虽吾公室，亦季世也。戎马不驾，卿无军行，公乘无人，卒列无长。庶民罢弊，宫室滋侈，道殣相望，而女富溢尤。民闻公命，如逃寇仇。栾郤、胥原、狐续、庆伯降在皂隶，政在家门，民无所依，而君日不悛，以乐慆忧。公室之卑，其何日之有。谗鼎之铭曰：‘昧旦丕显，后世犹怠。’况日不悛，其竜久乎。”

晏子曰：“然则子将若何?”叔向曰：“人事毕矣，待天而已矣。晋之公族尽矣。肸闻之，公室将卑，其宗族枝叶先落，则公从之。肸之宗十一族，唯羊舌氏在而已，肸又无子，公室无度，幸而得死，岂其获祀焉。”

《左传·昭公三年》（节选）

齐侯使晏婴请继室于晋……既成昏，晏子受礼，叔向从之晏，相与语。晏子曰：“子将若何?”叔向曰：“晋之公族尽矣。肸闻之，公室将卑，其宗族枝叶先落，则公室从之。肸之宗十一族，唯羊舌氏在而已。

肸又无子，公室无度，幸而得死，岂其获祀?”初，景公欲更晏子之宅，曰:“子之宅近市，湫隘嚣尘，不可以居，请更诸爽垲者。”辞曰:“君之先臣容焉，臣不足以嗣之，于臣侈矣。且小人近市，朝夕得所求，小人之利也，敢烦里旅?”公笑曰:“子近市，识贵贱乎?”对曰:“既利之，敢不识乎?”公曰:“何贵?何贱?”于是景公繁于刑，有鬻踊睹，故对曰:“踊贵，屦贱。”既已告于君，故与叔向语而称之。景公为是省于刑。

第九篇

圣贤纠葛

晏子"长不满六尺"，而孔子"长九尺有六寸"，如果这两位古圣先贤站在一起，将会是怎样一种奇观呢？非常幸运的是，历史满足了我们的好奇心。这两位圣贤的生命轨迹真的在某一段时间相交过。那么，他们的相交除了最萌身高差，还有没有其他不同凡响之处呢？

一、鲁国的美好往事

首先，在晏子和孔子相识之初，他们的关系是良好的。

据史料记载，公元前522年，齐景公访问鲁国。《孔子家语》对访问的情形是这样描述的："齐景公来适鲁，舍于公馆，使晏婴迎孔子。"这个记载很明确地说明，孔子在三十岁时，也就是刚刚出道不久，就已经跟晏子相识了。

这段时间，两个人在鲁国有一些交往。

一位是齐国国相，一位是鲁国"民办学校"的"校长"，两个人交往的基础是什么呢？通过前面的讲述，我们可以挖掘出他们的共同特点，也就是都非常重视礼。

为什么两个人都这么重视礼呢？可能有以下两个原因：

第一，两个人都深受《周礼》的影响。《周礼》记载了周朝的官制，学习《周礼》相当于上政治课，是必须的。

第二，两个人都深受齐国名相管仲的影响。管仲曾经大力推行"礼义廉耻"，他是晏子和孔子共同的偶像。

除了以上原因，孔子还多了一个原因，那就是他也深受晏子的影响。为什么这么说呢？道理很简单。晏子作为齐国国相、外交名家，早已经名声在外。向资深人士学习礼，是多么自然的事情。

据《晏子春秋》记载，晏子出使鲁国，鲁国举办了一场盛大的外事活动，孔子要求他的学生前往观摩。那么晏子给孔子的学生留下了什么印象呢？

活动结束后，子贡回来了。子贡汇报说：“孰谓晏子习于礼乎？”谁说晏子熟悉礼节？子贡明显是在抱怨。抱怨谁呢？当然是孔子！因为孔子推崇晏子，而晏子的表现让他很失望。

既然学生有抱怨，孔子当然要了解情况。子贡说：“从礼制上说，登阶不历，堂上不趋，授玉不跪（也就是上台阶的时候不能一步两个台阶，在大堂中不能小跑，接受玉器礼品的时候不能下跪）。而晏子统统做反了，谁说晏子熟悉礼节？”他又抱怨了一遍。

老师推荐的榜样出了错误，会影响学习的信心，所以孔子不能掉以轻心。他在活动结束后问晏子：“夫子反此，礼乎？”

晏子是怎么说的呢？他说：“我听说，在两根大柱子之间的厅堂上，君臣各有位置，君王走一步，臣子要走两步。君王来的时候走得快，所以我上台阶是跨级，在堂上也得小步快走，以便提前到位。君王赠送玉器的时候把手放得很低，所以我得跪着以便降低位置。况且我听说，大的地方不越法度，小的地方有点出入是可以的。”

从这段对话一下子就可以看出，孔子的礼相对严谨，而晏子的礼相对灵活。那么到底谁对礼的认识更高一些呢？的确很难分辨。因为礼的本意在尊重对方，孔子严谨，而严谨背后是用心，所以孔子的要求符合礼的本意；而晏子灵活，灵活是因为客观条件有变化，所以无法做到形式上的严谨，但仍表达了内心的尊重，晏子的做法同样符合礼的本意。所以，孔子听了这些话以后，称赞晏子：“不法之礼，维晏子为能行

之。”不拘泥规定的礼，只有晏子能够做到啊。

由此可见，两位圣贤曾经有过一段美好时光，相互理解，相互支持。但是后来，两个人的关系出现了裂痕。这又是怎么回事呢？

二、敏感话题和对立关系

公元前 517 年，晏子听说孔子来到了齐国。按照《孔丛子》一书的记载，晏子立即到“宾馆”来看孔子，并设私宴招待他。这个做法与两个人之前在鲁国的私交是相称的。

孔子为什么要到齐国呢？因为鲁国国君鲁昭公逃难来到齐国，鲁国很混乱，已经不是读书人能待的地方了，所以孔子也来到齐国。那么孔子到齐国是为了追随鲁昭公吗？不是，他的真实意图是到齐国谋发展。

在吃饭的时候，晏子说了一段掏心窝子的话。他说：“齐其危矣！”齐国危险了。危险到什么程度呢？“就像失去控制的马车跨越千仞之谷，想不翻车都难啊。”晏子接下来又说：“先生是我的真心朋友，既然游走到齐国，或许可以给出一些补救的办法吧？所以请先生直言相告。”

老朋友刚见面就说这个问题，说明这个问题非常重要。那一年是公元前 517 年，也是晏子直接向齐景公预告田氏代齐危险的前一年。

孔子是怎么说的呢？他说：“不治之症是没有办法医治的。政令是君主的缰绳，只有抓紧才可以统治天下，现在齐君已经松手很久了。你虽然想拉住车身、扶正车轮，也来不及了。或许还可以维持到齐君和你这一代，从这以后，齐国政权恐怕将要属于田氏家族了。”

这段话说得怎么样呢？很清晰，也很切中要害。但孔子也认为暂时没有解决办法。

令人感到奇怪的是，晏子在这次见面之后，并没有把孔子来齐国的事情告诉齐景公。也就是说，孔子想来齐国发展的计划，首先没有得到晏子的支持。

那么晏子为什么不让孔子见齐景公呢？

从事后和局外的角度看，晏子对孔子想来齐国发展这件事情非常纠结。

第一，孔子作为教育家和思想家，看问题清晰透彻、切中要害。但是三十五岁的孔子在久经官场历练的晏子眼中，可以说是一个愣头青。如果孔子把刚才那段话说给了齐景公，就等于把“田氏代齐”这种潜在矛盾公开化、明朗化，这将给晏子的工作增加巨大的困难。而孔子又是老师，爱说，因此晏子心里有所顾忌，不敢让他们见面。他很可能也在后悔跟孔子谈起这件事情。

第二，孔子客居在齐，在齐国应该是缺乏社会基础的。加上他站在齐景公一边，不断宣扬忠君思想，实际上是跟齐国的大夫们唱对台戏。如果孔子这时空降到高位，就会成为众矢之的并身陷危险处境。晏子在自己的职业道路上是充分体验过这一点的。所以，也有人认为晏子不让孔子见齐景公，其实是在保护他，以使这样一位大才子免遭不测。

基于以上两点，晏子对孔子进行了冷处理。

孔子一心想见齐景公，但当朝国相又不做安排，这怎么办呢？孔子于是想到了“曲线救国”。想见国君不容易，那就去见大臣吧。

《史记·孔子世家》载：“孔子适齐，为高昭子家臣，欲以通乎景公。”孔子到了齐国，做了高昭子的家臣，想通过他见到齐景公。孔子“闻《韶》音，学之，三月不知肉味”。也就是说，孔子迷上了《韶》乐，刻苦学习，弄得三个月吃肉都觉得不香。

孔子为什么那么热衷于音乐呢？可能有两个原因：

第一，礼和乐关系密切，孔子的专业和境界决定他会喜欢这种心灵语言。

第二，他想接近齐景公，因为齐景公喜欢音乐，孔子想投其所好，谋求官禄。

现在已经无法说清真实的原因了。不过，孔子的苦心还是收到了成效。通过高昭子，孔子终于见到了齐景公。一见面，齐景公就向他请教国家大事。于是孔子说了后来广为流传的八个字——“君君，臣臣，父父，子子”。

在齐闻韶

当时，齐国大夫与国君争权的矛盾已经无法回避了。所以，这个时候最需要提倡的就是君要像君、臣要像臣。孔子提出的解决方案也算明确简洁，所以深得齐景公的赏识。

其实，晏子早就多次在齐景公耳边讲过孔子的这套思想。但是为什么齐景公听到孔子的话会大加赞赏呢？原因可能有如下两种：

第一，远来的和尚会念经，齐景公对晏子太熟悉了，而且晏子天天唠叨，他听烦了。

第二，孔子说话简洁感性，不像晏子那样经常长篇大论，所以特别受齐景公这种性格活泼之人的欢迎。

进行到这儿本来很好，但是接下来，按照《晏子春秋》的记载，孔子做了一件刺激晏子的事情，严重地影响了他在齐国的发展。

按照前面的推算，孔子见到齐景公的时候，至少是在“三月不知

肉味”之后了。齐景公就纳闷了，晏婴这次为什么没有告诉我孔子来了呢？难道他们两个人也没见过面？齐景公于是问：“先生奚不见寡人宰乎？”为什么不去见见我的国相呢？

不料，孔子在这个时候说了一个对晏子很不友好的理由。他说：“臣闻晏子事三君而得顺焉，是有三心，所以不见也。”我听说晏先生侍奉三位国君都很顺利，说明他有三心，所以我不见他。就是这句话后来引起了连锁反应。

因为齐景公这位国君随意任性、心智不成熟，所以不到不得已的时候，晏子不敢把有风险的话告诉他。比如，晏子憋了二十多年才同齐景公说“田氏代齐”这件事情。

虽然齐景公对孔子表示出强烈的好感，但这种好感与齐景公和晏子的感情相比，那还差十万八千里呢！晏子这个时候已经为齐景公操劳三十余年了，做齐国国相也有十余年了，这么深的感情，孔子的几句话怎么能动摇得了呢？

于是，齐景公一转身，就把孔子的话告诉了晏子。

其实，齐国已经有很多人提过晏子有三心这个问题了。据《晏子春秋》记载，被晏子看作社鼠的梁丘据也问过同样的问题。不断地解释这个老问题，晏子当然很不舒畅。不舒畅怎么办呢？

晏子立即向齐景公澄清说：“不然。非婴为三心，三君为一心故。三君皆欲其国家之安，是以婴得顺也。”不是这样的。不是我晏婴有三心，是因为我用一心侍奉三位国君。三位国君都希望国家安宁，所以我的工作都很顺利。这句话的道理非常明确，三朝元老不是靠溜须拍马当上的。接下来，晏子也对孔子进行了尖锐的批评。他说：“婴闻之，是而非之，非而是之，犹非也。孔丘必据处此一心矣。”我听说，把对的说成错的，把错的说成对的，都是不对的。孔丘这人，二者必居其一。

虽然晏子在齐景公面前做了澄清，但心里还是挺窝火。于是，当晏子听说孔子在其他地方说自己是小人时，立即找上门去，见到孔子就说："婴闻君子有讥于婴，是以来见。"我听说您这位君子在说我的不是，所以我来面见您。"如婴者，岂能以道食人者哉。"像我晏婴这样的人，岂能用大道理来给人当饭吃啊！晏子这样说也算是夹枪带棒了。很显然，他讽刺了孔子只善于讲大道理和漂亮话。晏子既然这样暗讽孔子，总得拿出点自己实干的证据来。别着急，晏子的确是有证据的。他说："我的家族中靠我来祭祀先人的有数百家，齐国的贫寒之士中靠我的救济来度日的也有数百家，我是为这个才做官的。"说到这里，晏子又说了一句："如婴者，岂能以道食人者哉。"一句话重复两遍，可见晏婴的确很生气。

从这里开始，两个人的关系渐行渐远，齐国变成了伤情之地。

三、政治家和教育家的差别

接下来，按照《史记·孔子世家》的记载，齐景公他日又问政于孔子。孔子曰："政在节财。"

这之后，一件激动人心的事情发生了。齐景公想把一片土地——尼溪赏给孔子。很不幸的是，虽然孔子的愿望差一步就可以实现了，但这一步恰恰被故交晏子阻断了。

晏子一看这种情况，立刻拦住了齐景公。他非常干脆地说："不可！"想要否定国君的决策，必须得拿出过硬的理由。关于这个理由，《史记·孔子世家》及《晏子春秋》都说得非常清楚。晏子历数了孔子等儒家学者的五大问题，把孔子等儒家学者揭了个底儿掉。

第一，儒家学者能言善辩，不能用法度来约束他们，无论你说什么，他们都有一堆道理。就算不计较个性，给他们差事，但是呢——

第二，他们高傲任性，自以为是，也很难当好部下。就算你认为他们的确很高明，听从他们的建议，但是呢——

第三，他们重视丧事，竭尽悲哀之情，为了使葬礼隆重而不惜倾家荡产。他们的这种观念肯定不受百姓欢迎，无法推行，也很难形成风气。就算你认为他们的观念能够得到推行，让他们做管理工作，但是呢——

第四，他们四处游说，乞求官禄，把国家交给他们治理，能放心吗？

上述四个问题涉及了个性问题、品格问题、观念问题、动机问题，加起来已经把孔子打入了另册，就不考虑让他做“行政干部”了。但孔子是礼仪大师，专业水平总说得过去吧，可不可以让他在这方面发挥长处呢？没想到，晏子又说了第五个问题。

第五，孔子讲究仪容服饰，制定繁琐的上下朝礼节、详细的行走规矩。这些繁文缛节，就是几代人也学不完，有些甚至一辈子也搞不清楚。如果您想用这套东西来改变齐国的风俗，恐怕这不是引导百姓的好办法。

听了晏子的这番话，齐景公立刻泄了气。之后，齐景公虽然很有礼貌地接见了孔子，但不再问关于礼的问题。所以孔子最终没能实现自己的愿望。

晏婴沮封

事情到这里还没有完。按照《史记·孔子世家》的记载，齐国大夫曾经想加害孔子。孔子无法求助于晏子，求助于齐景公又碰了软钉子，只好返回鲁国。

为什么大夫们想害孔子呢？

一是因为孔子看透了大夫们尤其是田氏的野心，提倡“君君臣臣”，明显是跟这些人过不去。

二是孔子是做老师的，爱当评委，不会隐瞒自己的观点，到处宣讲，自然会被大夫们视为眼中钉。

由此可见，如果孔子得到齐景公的重用，将会卷入政治斗争的漩涡。也就是说，晏子阻断孔子的发展，至少从客观上起到了保护孔子的作用。

那一年已经是公元前517年。公元前516年，晏子在齐景公面前挑明了“田氏代齐”的危险，就等于把潜在的矛盾明朗化了。他本来可以从文化观念上去疏导，可以增强齐景公的实力去抵御，可以利用大夫们之间的矛盾去牵制；但是现在，他成了田无宇的对头，也成了大夫们的障碍。所以在政治上，晏子无疑陷入了被动状态，于是他开始孤军奋战。他在这种情况下把孔子从朋友圈里删除，的确有利于保护孔子的安全。

晏子和孔子之间的纠葛带有浓厚的俗人气息。那么发生这种事情的根本原因是什么呢？应该与教育家和政治家的差异有关。

教育家关心对错，军事家关心输赢，企业家关心赔赚，政治家关心利弊。但很多事情不能从单一维度进行考量。你是对的，未必能赢；你是赢的，未必能赚；你是赚的，未必有利。晏子和孔子都重视礼教，都能看透本质，这是两人相同的地方。但他们在处理问题时采用的方法明显不同，尤其是在对待田氏的问题上。

孔子是教育家，看透本质以后，多会通过说来表达看法；

晏子是政治家，看透本质以后，多会通过做来解决问题。

有些“说”有利于“做”，有些“做”却不能“说”。

孔子主要关心对错，而晏子在关心对错的基础上，还必须考虑输赢、赔赚、利弊等。

三十五岁的孔子虽然才华出众，但在政治智慧方面与晏子尚有差距。这可能是两人最终不欢而别的一个重要原因。

四、绝交仍然是神交

圣贤如果走得太近，也会有俗人的冲突，所以保持一定的距离，反而会有高层面的神交。晏子和孔子两人经历了齐国这件事情，不欢而别，似乎已经绝交，但这并不妨碍两人在思想层面和心灵层面的互动。

《晏子春秋》中有不少孔子称赞晏子的文字。虽然孔子的这些赞美很有当评委的架势，但仍然看得出孔子对晏子的敬意。而在这一点上，孔子同样让后人心存敬意。

比如齐景公穿得很温暖，然后感叹大雪三天竟然不寒冷。晏子借题发挥，劝谏道："婴闻古之贤君饱而知人之饥，温而知人之寒，逸而知人之劳。"孔子听说了，表示赞许："晏子能明其所欲，景公能行其所善也。"晏子能够表明他想的事，景公则能实行他所赞许的事。

比如齐景公问晏子："治国理政怕什么？"晏子说："怕善恶不分。"孔子听说了，也表示赞许："此言也信矣。善进则不善无由入矣，不善进则善无由入矣。"这话靠谱！好人得以任用，不好的人就没机会进来；不好的人得以任用，好人就没有机会了！

比如齐景公的宠妾婴子死了，齐景公很悲伤，守着尸体三天不许下葬。晏子于是对齐景公说有医生想要医治婴子，这样才把齐景公隔离开，然后瞒着他下葬。孔子在听说晏子为此事欺骗国君时，也曲意回护。他说："星之昭昭，不若月之曀曀。小事之成，不若大事之废。君子之非，贤于小人之是也。其晏子之谓欤？"大意是：星星再亮，月亮不出，天还是阴暗的。小事做得好，大事做错了，结果还是失败。君子就算有过失，也比做对事儿的小人贤明。这说的就是晏子吧？

其实，他们两个人的思想是遥相呼应的。晏子还有一个著名的理论——“和同论”。其大意是：国君如果是甜的，臣子也是甜的；国君如果是酸的，臣子也是酸的，这叫同。什么是和呢？国君如果是甜的，臣子就是酸的；国君如果是酸的，臣子就是甜的，这叫和。这套理论很像现代化学理论。晏子的“和同论”很容易让我们想起孔子的一句著名言论。哪一句呢？“君子和而不同，小人同而不和。”

晏子提出“和同论”是在公元前522年末。这一年，晏子和孔子见过面。到底谁受了谁的影响？这个问题今天已经说不清楚了。只能说明在同一个时代，两位圣贤都思考过这个问题，两位圣贤都推崇“和”，而“和”后来成为我们民族精神的一部分。

后来，虽然两个人的日常交往已经谈不上和与不和了，但从思想和精神上看，他们都奉行“和”的原则，并保持着高度的默契。比如在齐国、鲁国的关系上，两人都为两国的和平做出了贡献。

这就是晏子和孔子交往的故事。他们在思想上有相似的地方，而在政治策略上也有分歧，或者说二人在心念上相知很深，而在官场上相助很少。不过，在晏子的生活当中，与圣人交往毕竟是特殊情况。除此之外，他大都是与普通人相处。他在与普通人相处时，又是怎样的姿态呢？

下篇继续讲述。

【原文摘编】

《孔子家语·贤君》（节选）

齐景公来适鲁，舍于公馆，使晏婴迎孔子。孔子至，景公问政焉。孔子答曰：“政在节财。”

《晏子春秋·内篇杂上》

晏子使鲁有事已仲尼以为知礼第二十一

晏子使鲁，仲尼命门弟子往观。子贡反，报曰：“孰谓晏子习于礼乎？夫礼曰：‘登阶不历，堂上不趋，授玉不跪。’今晏子皆反此，孰谓晏子习于礼者？”晏子既已有事于鲁君，退见仲尼。仲尼曰：“夫礼，登阶不历，堂上不趋，授玉不跪。夫子反此，礼乎？”晏子曰：“婴闻，两楹之间，君臣有位焉，君行其一，臣行其二。君之来遬，是以登阶历堂上趋以及位也。君授玉卑，故跪以下之。且吾闻之，大者不逾闲，小者出入可也。”晏子出，仲尼送之以宾客之礼。反，命门弟子曰：“不法之礼，维晏子为能行之。”

《孔丛子·嘉言》（节选）

夫子适齐，晏子就其馆。既宴而私焉，曰：“齐其危矣！譬若载无辖之车，以临千仞之谷。其不颠覆亦难冀也。子，吾心也。子以齐为游息之馆，当或可救。子幸不吾隐也。”夫子曰：“夫死病不可为医。夫政令者，人君之衔辔，所以制下也，今齐君失之已久矣。子虽欲挟其辀而扶其轮，良弗及也。抑犹可以终齐君及子之身，过此以往，齐其田氏矣。”

《史记·孔子世家》（节选）

孔子年三十五，而季平子与郈昭伯以斗鸡故得罪鲁昭公，昭公率师击平子，平子与孟氏、叔孙氏三家共攻昭公，昭公师败，奔于齐，齐处昭公乾侯。其后顷之，鲁乱。孔子适齐，为高昭子家臣，欲以通乎景公。与齐太师语乐，闻《韶》音，学之，三月不知肉味，齐人称之。

景公问政孔子，孔子曰：“君君，臣臣，父父，子子。”景公曰：“善哉！信如君不君，臣不臣，父不父，子不子，虽有粟，吾岂得而食诸!”他日又复问政于孔子，孔子曰：“政在节财。”景公说，将欲以尼溪田封孔子。晏婴进曰：“夫儒者滑稽而不可轨法；倨傲自顺，不可以为下；崇丧遂哀，破产厚葬，不可以为俗；游说乞贷，不可以为国。自大贤之息，周室既衰，礼乐缺有间。今孔子盛容饰，繁登降之礼，趋详之节，累世不能殚其学，当年不能究其礼。君欲用之以移齐俗，非所以先细民也。”后，景公敬见孔子，不问其礼。异日，景公止孔子曰：“奉子以季氏，吾不能。”以季孟之闲待之。齐大夫欲害孔子，孔子闻之。景公曰：“吾老矣，弗能用也。”孔子遂行，反乎鲁。

《晏子春秋·外篇不合经术者》

仲尼见景公景公曰先生奚不见寡人宰乎第三

仲尼游齐，见景公。景公曰：“先生奚不见寡人宰乎?”仲尼对曰：“臣闻晏子事三君而得顺焉，是有三心，所以不见也。”仲尼出，景公以其言告晏子。晏子对曰：“不然。非婴为三心，三君为一心故。三君皆欲其国家之安，是以婴得顺也。婴闻之，是而非之，非而是之，犹非也。孔丘必据处此一心矣。”

《晏子春秋·外篇重而异者》

仲尼称晏子行补三君而不有果君子也第二十七

仲尼曰：“灵公污，晏子事之以整齐。庄公壮，晏子事之以宣武。景公奢，晏子事之以恭俭。晏子，君子也。相三君而善不通下。晏子，细人也。”晏子闻之，见仲尼，曰：“婴闻君子有讥于婴，是以来见。如婴者，岂能以道食人者哉。婴之宗族待婴而祀其先人者数百家，与齐国之简士待婴而举火者数百家，婴为此仕者也。如婴者，岂能以道食人者哉。”晏子出，仲尼送之以宾客之礼，再拜其辱。反，命门弟子曰：“救民之姓而不夸，行补三君而不有，晏子果君子也。”

《晏子春秋·内篇谏上》

景公衣狐白裘不知天寒晏子谏第二十

景公之时，雨雪三日而不霁。公被狐白之裘，坐于堂侧阶。晏子入见，立有间，公曰：“怪哉，雨雪三日而天不寒。”晏子对曰：“天不寒乎？”公笑。晏子曰：“婴闻古之贤君饱而知人之饥，温而知人之寒，逸而知人之劳。今君不知也。”公曰：“善。寡人闻命矣。”乃令出裘发粟，以与饥寒者。令所睹于涂者无问其乡，所睹于里者无问其家，循国计数无言其名。士既事者兼月，疾者兼岁。孔子闻之曰：“晏子能明其所欲，景公能行其所善也。”

《晏子春秋·内篇问上》

景公问为政何患晏子对以善恶不分第三十

景公问于晏子曰：“为政何患？”晏子对曰：“患善恶之不分。”公曰：“何以察之？”对曰：“审择左右，左右善，则百僚各得其所宜，而善恶分。”孔子闻之曰：“此言也信矣。善进则不善无由入矣，不善进则善无由入矣。”

《晏子春秋·内篇谏下》

景公嬖妾死守之三日不敛晏子谏第二十一

景公之嬖妾婴子死，公守之，三日不食，肤着于席而不去。左右以复，而君无听焉。晏子入，复曰：“有术客与医俱言曰：‘闻婴子病死，愿请治之。’”公喜，遽起，曰：“病犹可为乎？”晏子曰：“客之道也，以为良医也，请尝试之。君请屏洁，沐浴饮食。间病者之宫，彼亦将有鬼神之事焉。”公曰：“诺。”屏而沐浴。晏子令棺人入敛，已敛而复曰：“医不能治病，已敛矣，不敢不以闻。”公作色不说，曰：“夫子以医命寡人而不使视，将敛而不以闻，吾之为君，名而已矣。”

晏子曰：“君独不知死者之不可以生邪？婴闻之，君正臣从谓之顺，君僻

臣从谓之逆。今君不道顺而行僻，从邪者迩，导害者远，谗谀萌通而贤良废灭，是以谄谀繁于间，邪行交于国也。昔吾先君桓公用管仲而霸，嬖乎竖刁而灭。今君薄于贤人之礼，而厚嬖妾之哀。且古圣王畜私不伤行，敛死不失爱，送死不失哀。行伤则溺己，爱失则伤生，哀失则害性。是故圣王节之也，死即毕敛，不以留生事，棺椁衣衾，不以害生养，哭泣处哀，不以害生道。今朽尸以留生，广爱以伤行，循哀以害性，君之失矣。故诸侯之宾客惭入吾国，本朝之臣惭守其职，崇君之行不可以导民，从君之欲不可以持国。且婴闻之，朽而不敛谓之僇尸，臭而不收谓之陈胔。反明王之性，行百姓之诽，而内嬖妾于僇胔，此之为不可。”

公曰：“寡人不识，请因夫子而为之。”晏子复曰：“国之士大夫、诸侯四邻宾客皆在外，君其哭而节之。”仲尼闻之曰：“星之昭昭，不若月之曀曀。小事之成，不若大事之废。君子之非，贤于小人之是也。其晏子之谓欤?”

第十篇

非常友情

晏婴是齐国公认的大贤人。这个称号是谁给的呢？民众。

为什么民众会给晏婴这样一个称号呢？

其实这是晏婴不断修炼的结果。

一、寒士的义气

我们知道，晏婴“食不重肉，妾不衣帛”。在旁人看来，国相很抠门，但是他抠门是为了扶贫。他用自己的俸禄接济了几百户贫困人家。这其中有一位叫北郭骚的。

按照《吕氏春秋》的记载，北郭骚也是齐国的一位贤者。怎么个贤法呢？“其义不臣乎天子，不友乎诸侯，于利不苟取，于害不苟免。”他不是个趋炎附势、见利忘义的人，平时靠织兽网、编草席、打麻鞋来养活母亲。

齐景公时，“踊贵屦贱”，就是假肢贵、鞋便宜，所以他干的这个活儿一听就知道赚不了几个钱，因此无法维持生活。没办法，他只好向晏婴求助。他说：“我从内心钦佩先生的仁义，希望能向您乞求一些可以奉养母亲的东西。”

以晏婴的为人以及对礼的坚守，他不可能不资助奉养母亲的人。于是，他让人从仓库里拿出一些粮食和金钱给北郭骚。但是北郭骚也是一位坚守信义的人，他只拿了粮食，没有拿钱。

如果仅仅接受过晏婴的资助，这还不能算作朋友，接下来才到了见证友情的时刻。

后来不久，晏婴受到齐景公的猜忌，决定出逃，路过北郭骚家门口的时候，向他告辞。既然是出逃，显然惊动的人越少越好，所以晏婴在心里是把北郭骚当作朋友的。

北郭骚很郑重，沐浴更衣然后出来迎见晏子，问他："先生准备去哪儿呢？"

晏婴说："我被国君猜忌，只有出逃了。"

这个时候，北郭骚本应该问一问：您为什么会被齐景公猜忌？有没有解决办法？如果实在需要出逃，有什么需要我做的？这些都是人之常情，更何况晏婴是接济过他的恩人！

但是与刚才沐浴更衣迎见恩人形成巨大反差的是，北郭骚得知晏婴准备出逃，竟然直接说了句送客的话："夫子勉之矣。"先生好自为之吧。听起来像是很怕受牵连的样子。

晏婴有什么反应呢？以晏婴的个性，他当然不会做可怜相，也不会表现得气急败坏，只是平静地告辞登车。但是表面的平静并不代表内心没有波澜。虽然晏婴救济百姓并没有期望百姓对他感恩戴德，但是即将奔逃之人，无论如何，还是希望听到几句安慰话的。所以晏婴不禁长叹一声说："我出逃岂不是应该的？我实在太不了解人了！"这句话相当于说自己活该。能让大贤人失望到这个份上，北郭骚当时的态度肯定很伤人。

晏婴满怀失落地离开了北郭骚家。北郭骚接下来做了什么呢？

他叫来朋友并告诉朋友："我敬佩晏子的仁义，曾经乞求他帮助奉养母亲。"怎样才能表达感激呢？"养及亲者，身伉其难。"对于供养过自己亲人的人，应当亲身为他抵挡灾难。他说："如今晏子被人猜忌，我要用自己的死为他鸣冤，还他清白。"说到这里，他穿戴整齐，让朋友拿着剑、捧着竹篮跟在身后，来到宫廷门前，对传话的人说："晏子，天下之贤者也，去则齐国必侵矣。必见国之侵也，不若先死。请以头托白晏子也。”晏子是天下最贤能的人，他现在离开齐国，齐国必受侵犯。与其看见齐国被侵犯，还不如先死。请让我用头颅来还晏子的清白吧！之后，北郭骚便自刎而死。

北郭骚不惜牺牲生命为恩人鸣冤，这个举动实在太壮烈了。

事情到这里还没有完。北郭骚那位不知姓名的朋友把他的头颅装进竹篮，然后捧献给传话人，同时对他说：“北郭子为国故死，吾将为北郭子死也。”北郭先生为国家而死，我将为北郭先生而死！他说完，也拔剑自刎了。

事情闹到这个地步，不仅使朝野震惊，也使齐景公大受惊吓。他没想到民众对晏婴的感情如此强烈。没有晏婴，齐国将会怎样？这个结果不敢想象。所以他赶紧乘坐驿车去追赶晏婴，一直追到齐国的边境才追上。晏婴听说北郭骚为自己而死，忍不住再次叹息：“我这出逃真是活该呀！我实在太不了解人了！”

那么这件事情说明了什么呢？

第一，晏婴是齐国百姓的精神寄托，因此才会有人愿意用生命替他去抗争。北郭骚为晏婴去死，晏婴接济过他只是一个表面原因，而真正的原因是他钦佩晏婴的仁义和贤能。一个社会崇尚仁义和贤能，是件大好事，这说明民风清正。北郭骚采取的这种极端方式在春秋时期可以理解，但在今天看来是不可取的。

第二，晏婴仍然是孤独的。为什么呢？因为北郭骚并不知道他要什么。其实，这个小个子“巨人”并不需要北郭骚用自杀的方式替自己鸣冤。这个做法虽然很给力，也很有效，但也会增加这位大贤人的心理负担，令他自责不已。

第三，圣贤也有俗人的心态。晏子在失意的时候，同样希望听到几句关心、同情、安慰的话。晏婴虽然贵为国相，但在工作和生活当中，需要时时表现出强大、有智慧、贤良，他也累。因此，他在受伤的时候

也需要温暖，希望有人为他疗伤。

当这种俗人心态得不到呼应的时候，一个追求自我完善的人会怎么办呢?

二、奴隶的尊严

圣贤同样有俗人心态，在出现这类心理需求的时候，有两种满足需求的办法：一是降低自己的精神高度，这样更容易被人理解；二是优化自我的心灵结构，不因为俗人俗世而烦恼。很显然，前者是顺应，后者是修炼。晏婴其实一直都在不断地超越俗人心态，比如他不恋官位、裸捐财产甚至不畏死亡等，都是修炼的成果。即使在与平民的交往中，晏婴也没有放松这种修炼。

据《晏子春秋》记载，晏婴在去晋国的途中，到了一个叫中牟的地方。这时候，他看到一个头戴破帽子、反穿皮衣、背着草料在路边休息的人。因为长期担任国相，识人用人是职责所在，他一眼认定这人是一位君子。于是，他走上前去攀谈：“您是什么人?”

那人回答道：“我是越石父。”

“您为什么到这儿来呢?”

越石父回答道：“我在中牟给人当奴仆，受差遣出来办事，现在正在回去的路上。”

“您为什么要当奴仆呢?”

“穷得过不下去了，所以当了奴仆。”

“当了多久了?”

“三年了，别提它了。”

这个时候，晏婴提了一个改变越石父命运的问题：“可以赎身吗?”

紧接着，越石父给了一个可以改变自己命运的答案：“可以。”

于是，晏婴做了一个改变越石父命运的举动——从车上解下一匹马，把他赎了出来。

到这里，晏婴已经是改变越石父命运的恩人了。

晏婴为什么要做这个恩人？从大的方面讲，他坚持以民为本的政治主张，运用系统手段解救疾苦百姓，已经做得很多且很有成效了。但是大政方针的推动毕竟间接，所以晏婴还需要直接救济贫寒之士。

可是天下贫寒之士太多了，晏婴以一己之力能够救济过来吗？

当然不能。所以晏婴的救济也是有选择的。因为晏婴觉得越石父是一位君子，这才出手相助。

那么晏婴接下来会怎样对待越石父呢？

到了驿馆，晏婴没打招呼就自己进去了。按照《史记·管晏列传》的说法，很久没有出来。这样的话，越石父就被晾在门外了。

等晏婴出来的时候，越石父提出与他绝交。

晏婴听了很诧异，问越石父："为什么？我们之前没有交情，你当了三年奴仆，我把你赎了出来，我难道有什么地方对不起你吗？你为什么突然提出绝交呢？"

从世俗的角度理解，因为晏婴是恩人，所以越石父应该原谅恩人的疏忽；因为晏婴是国相，所以越石父应该体谅国相的忙碌。越石父心里不高兴是可以理解的，但因为这么一点事情绝交，就显得小题大做了。

但是越石父的看法跟普通人的看法不同。

越石父说："我听说，人在不了解自己的人面前可以受委屈，而在了解自己的人面前应该挺胸做人。所以君子不能因为有功于人就看轻别人，也不能因为别人有恩于己就放弃做人的原则。我给人当了三年奴仆，没人了解我，我认了；而您今天把我赎出来，我认为您是了解我的。先前您上车的时候，没跟我打招呼，我以为您忘了；如今您进门也没跟我打招呼，这样我就跟当奴仆没什么两样了，都不受人尊重。所以，您还是趁早把我卖了吧，我踏踏实实地干我的本行。”

越石父这样做虽然看起来像鸡蛋里挑骨头，但说明他有一种可贵的精神，就是坚持做人的原则。在没有条件的地方，坚守内心；在有条件的地方，既坚守内心又坚守行为。从这个意义上说，越石父的确称得上君子，也说明晏婴的确有识人的慧眼。

面对越石父的责难，身为恩人的晏婴会做何反应呢？

他会不会一怒之下真的把越石父卖掉呢？这位口才大师会不会用三寸不烂之舌讲一堆道理，来证明自己在理而对方无理呢？

都没有！晏婴的“贤”在这样的时刻一下子就体现了出来。

他说：“先前我只是看见了您的外表，如今我才觉察到您的内心。我听说，对于能自我反省的人就不再提起他的过错。我可以向您道歉而不被您拒绝吗？我真心改正错误。”

怎么样？晏婴的这番话有几个人能够说得出来呀？父亲对儿子能说得出来吗？老师对学生能说得出来吗？领导对手下能说得出来吗？就算是没有辈分之分的朋友、同学、战友，又有几个人能在受到类似这种鸡蛋里挑骨头的责难时说得出来？

所以，有人在这个故事的结尾处这样评价道：庸俗的人为别人做点好事就自以为有恩，自以为有恩就盛气凌人。晏子把人从苦难中解救出来，算是对人有恩了，反倒委屈自己居人之下。“其去俗亦远矣。”他已经远离世俗了。“此全功之道也。”这就是他能成就功德的道理所在啊。

为什么海洋那么博大？那是因为它位置低。为什么晏婴那么受人爱戴？那是因为他能够委屈自己而学习别人。修炼无处不在，虽然晏婴在遇到责难时放低了姿态，但他的精神层次更高了。晏婴的品格的确不是常人能够企及的。

太史公司马迁在《史记·管晏列传》中说："假令晏子而在，余虽为之执鞭，所忻慕焉。"如果晏子还活着，我就算是为他当车夫，也满心高兴并真心向往啊。太史公的话即使放在今天，也至情至理啊。

当然，太史公没有机会当这个车夫，所以那位真正的车夫应该感到幸运。那么实际情况又是怎样的呢？晏婴的车夫是像太史公一样心甘情愿，还是像俗语所说"仆人面前无伟人"，觉得平淡无奇呢？

好，我们下面就来说说他的车夫。

三、车夫的爱情

晏婴是国相，当然得有辆专车，还得有专职"司机"，就是车夫。

有一天，车夫的老婆透过门缝偷偷看她丈夫赶车。为国相赶车，内心肯定有一种自豪感，所以车夫就显得意气风发、得意扬扬。夸张点说，车夫有点趾高气扬。等到晚上回家的时候，车夫的老婆要求离婚，一下就把车夫给弄晕了。为什么呀？

车夫的老婆说："晏子身高不到六尺，却做了齐国的国相，声名显著。我今天透过门缝看到他乘车外出，看上去志念深沉的样子，一看就

是有志向、有思想的人，并且贵为国相还对人非常谦卑，经常甘居人下。”

看见晏婴，要跟丈夫离婚，难道车夫的老婆爱上晏婴了？

尽管晏婴是齐国国相，又是公认的大贤人，但是社会成就跟女人的欣赏并不是一码事。况且一位“长不满六尺”的老人，身穿粗布衣服，坐着老马破车，很难想象会对女人产生多大的吸引力。这个女人之所以提出离婚，是因为看见晏婴身上有一种特殊的东西，而这种东西恰恰是她丈夫不具备的，所以她对丈夫的看法发生了变化。

那么这种特殊的东西到底是什么呢？就是很多人看不到的——修养。

虽然车夫的老婆不是达官贵人，不是文人骚客，也不是富商巨贾，但是她能够看出晏婴的修养，说明这个女人看人的标准和要求非同寻常，说明她有相当的修养。而有修养的女人当然不能接受缺乏修养的丈夫。

所以，车夫的老婆说：“你身高八尺，也不过是做了人家的车夫，但你看起来自以为是、自我满足，所以我要跟你离婚。”

讲到这里，我们会有两个基本感受：

第一，晏婴并不知道门缝里还有一双眼睛在打量自己，但他自然而然的表现让远观的人心生敬仰，这就是长期修炼的结果。长期修炼使他形成一种稳定的特征，也就是气质。志念深沉就是一种令人仰慕的气质。

第二，一个人对另一个人的好印象完全因一面之缘而产生，这种情况是少见的。也许因为她长期听车夫讲晏婴精彩的故事，所以晏婴已经给她留下了一个先入为主的好印象。尽管晏婴没有特地表现什么，远观的她却赋予了很多美好的含义，说明其中有口碑的力量。

当非凡的气质和良好的口碑叠加在一起，魅力自然就形成了。

当然，不管是晏婴的气质好，还是车夫的老婆带了“有色眼镜”，总之晏婴为社会传递了正能量，这是可贵的。从此以后，车夫变得谦虚、谨慎、恭敬，时间一长，素养明显提高。晏婴发现了车夫的变化，感觉奇怪，就询问他。车夫如实相告。如实相告以后发生了什么呢？晏婴推荐车夫做了大夫。让高素质的人管理一方百姓，对国家和民众都好。

我们由此可以看到一个人的修养到底有多重要！修养绝不是个人的事，为什么呢？因为：

首先，每个人都是其他人的环境，只是每个人创造的环境有不同。有些人创造美好环境，有些人创造恶劣环境。创造美好环境，可能让自己难受却让他人舒服；创造恶劣环境，可能让自己舒服却让他人难受，但这些都是暂时的。当更多的人创造美好环境时，大家都会感觉越来越舒服；当更多的人创造恶劣环境时，大家都会感觉痛苦不堪。

其次，每个人都是其他人的榜样，只是每个榜样的作用有不同。有的榜样传递正能量，有的榜样传递负能量。我们都可能是某个人的家长、某些人的领导、某类人的老师、某部分人的朋友。一个真诚友善的笑容给人安慰，一个阴险狡诈的表情令人恐惧，一个礼让的手势让人学习到友善，一个抢座位的动作让人退化到自私，一生孜孜不倦的工作让子女学习到进取，一段放任自流的生活让周围弥漫着颓废。所以，你传递了什么，周围的人就有可能接收什么，就有可能放大什么。放大正能量，是人类的共同心愿，但是你多做了多少？放大负能量，人类都不认同，但你少做了多少？

所以，自省和自律是修炼的重要方法。晏婴是当时齐国的榜样。他在无意之间影响了车夫，让车夫的精神境界获得了提升。这种无意之间就可建立功德的能力，就是魅力所在。

文化就像空气一样，看不见，却随时都在滋养着我们。

魅力就像磁场一样，看不见，却随时都在吸引着我们。

四、复归于婴儿

按照古代的礼数，我们在称呼一个人的时候，出于尊重，要称字，不能直呼其名。比如，管子，名夷吾，字仲，所以我们常称他为管仲。如果再尊重一些，可以称他为管子。被我们称为子的人还有老子、孔子、孙子，等等。

但是事情到了晏婴这里就不同了。据《史记》记载，晏子，名婴，字平仲。但是大家多称他为晏婴，只有很小一部分人称他为晏平仲。当然，也有一部分人尊称他为晏子。上面这几种称呼的出镜率由高到低依次是晏婴、晏子、晏平仲。可见，百姓更习惯称他为晏婴，所以山东省淄博市临淄区有晏婴路、晏婴小学、晏婴公园。

为什么百姓更喜欢称他为晏婴呢？可能有如下原因：

第一，晏婴虽然是高官，但处处节俭，待人接物温和谦让，再加上个子矮小等特点，所以让人感觉平易近人；并且他口才卓越，说起话来妙语连珠，既能应景，又有趣味，再加上倔强的个性、传奇的故事，不仅让人津津乐道，更让人觉得可爱至极。因此，面对这样一位既亲切又可爱的人，百姓更愿意以平等的姿态，把他当作最要好的朋友。所以，百姓直呼其名更能表达对他非同寻常的感情。

第二，也许百姓更喜欢他名字中的“婴”字。婴，跟他的小个子形成完美呼应，很容易激发民众对他的怜爱之情。同时，婴就是纯真，婴就是善良，婴就是有理想，婴就是不断学习和改进，“婴”恰恰是人类的希望所在。

所以，我们在《圣贤纠葛》一篇中，为了表示平等，多称晏婴为晏子；在其他地方，则尊重民俗，多称他为晏婴。

其实，晏婴之所以能与百姓建立这种亲近关系，与他的精神、思想、品格、修养和魅力是密不可分的。而他的作为不但是一种历史的高度，也正在转化为时代的温度。民本、廉政已经成为当今社会的重要主张。可以说，继承和发扬民本思想、廉政意识已经有了更多的践行者。

山东省淄博市临淄区——这个古齐国国都所在地有一所晏婴小学。走进校门，你会发现校园里到处都是晏婴的名言、故事、漫画、雕塑。学校开展了很多关于纪念和学习古圣先贤的活动。晏婴的人格和思想一直在这里滋养着孩子们的心灵。

这所学校的食堂蒸出的馒头都如鸽子蛋一般大。为什么要这样呢？因为要培养孩子们节俭和珍惜的好习惯。孩子们可以放开胃口随便吃多少个，但是不可以吃一半丢一半。我们在学校食堂用餐时，校长同样对我们宣布了纪律——光盘政策。当然，我们都执行得很到位。

此外，这所学校有五十多个兴趣班。在活动室里，我们看到了孩子们创造的艺术作品，有书法、绘画、剪纸等，精美得令人赞叹。其中很多都是关于晏婴的。在孩子们的眼中，晏婴是那么可爱、纯真！

如果你想真切感受一下晏婴的气息，最好的去处就是这所小学。站在万花丛中，看一看孩子们的笑脸，你会感觉到，其实晏婴就站在他们中间！这里也一定是晏婴最喜欢的地方。

晏婴一生爱民乐民，深得民众的爱戴。他与百姓的感情很深。深得民心是他在政坛上长青不倒的原因之一。但是长青不倒还与一个人有关，那就是齐国的最高权力所有者——国君！晏婴辅佐过三位国君，而辅佐齐景公的时间最长——四十余年。那么晏婴与齐景公到底是怎样相处的呢？他们相处得到底怎样呢？

下篇继续讲述。

【原文摘编】

《吕氏春秋·季冬纪·士节》

齐有北郭骚者，结罘罔，捆蒲苇，织萉屦，以养其母犹不足，踵门见晏子曰：“愿乞所以养母。”晏子之仆谓晏子曰：“此齐国之贤者也，其义不臣乎天子，不友乎诸侯，于利不苟取，于害不苟免。今乞所以养母，是说夫子之义也，必与之。”晏子使人分仓粟、分府金而遗之，辞金而受粟。

有间，晏子见疑于齐君，出奔，过北郭骚之门而辞。北郭骚沐浴而出见晏子曰：“夫子将焉适？”晏子曰：“见疑于齐君，将出奔。”北郭子曰：“夫子勉之矣。”晏子上车，太息而叹曰：“婴之亡岂不宜哉！亦不知士甚矣。”晏子行。北郭子召其友而告之曰：“说晏子之义，而尝乞所以养母焉。吾闻之曰：‘养及亲者，身伉其难。’今晏子见疑，吾将以身死白之。”著衣冠，令其友操剑奉笥而从，造于君庭，求复者曰："晏子，天下之贤者也，去则齐国必侵矣。必见国之侵也，不若先死。请以头托白晏子也。"因谓其友曰："盛吾头于笥中，奉以托。"退而自刎也。其友因奉以托。其友谓观者曰："北郭子为国故死，吾将为北郭子死也。"又退而自刎。齐君闻之，大骇，乘驲而自追晏子，及之国郊，请而反之。晏子不得已而反，闻北郭骚之以死白己也，曰："婴之亡岂不宜哉！亦愈不知士甚矣。"

《晏子春秋·内篇杂上》

晏子遗北郭骚米以养母骚杀身以明晏子之贤第二十七

齐有北郭骚者，结罘罔，捆蒲苇，织萉屦，以养其母，犹不足，踵门见晏子曰："窃说先生之义，愿乞所以养母者。"晏子使人分仓粟府金而遗之。辞金受粟。有间，晏子见疑于景公，出奔，过北郭骚之门而辞。北郭骚沐浴而见晏子曰："夫子将焉适？"晏子曰："见疑于齐君，将出奔。"北郭骚曰："夫子勉之矣。"晏子上车，太息而叹曰："婴之亡岂不宜哉，亦不知士甚矣。"晏子行，北郭子召其友而告之曰："吾说晏子之义，而尝乞所以养母者焉。吾闻之，养其亲者身伉其难。今晏子见疑，吾将以身死白之。"著衣冠，令其友操剑奉笥而从，造于君庭，求复者曰："晏子，天下之贤者也，今去齐国，齐必侵矣。方见国之必侵，不若先死，请以头托白晏子也。"因谓其友曰："盛吾头于笥中，奉以托。"退而自刎。其友因奉以托而谓复者曰："此北郭子为国故死，吾将为北郭子死。"又退而自刎。景公闻之，大骇，乘驲而自追晏子，及之国郊，请而反之。晏子不得已而反，闻北郭子之以死白己也，太息而叹曰："婴之亡，岂不宜哉，亦愈不知士甚矣。"

《史记·管晏列传》（节选）

越石父贤，在缧绁中。晏子出，遭之涂，解左骖赎之，载归。弗谢，入闺，久之。越石父请绝。晏子戄然，摄衣冠谢曰："婴虽不仁，免子于

厄，何子求绝之速也？”石父曰：“不然。吾闻君子诎于不知己而信于知己者。方吾在缧绁中，彼不知我也。夫子既已感寤而赎我，是知己；知己而无礼，固不如在缧绁之中。”晏子于是延入为上客。

《晏子春秋·内篇杂上》

晏子之晋睹齐累越石父解左骖赎之与归第二十四

晏子之晋，至中牟，睹弊冠反裘负刍，息于涂侧者，以为君子也，使人问焉，曰：“子何为者也？”对曰：“我越石父也。”晏子曰：“何为至此？”曰：“吾为人臣仆于中牟，见使将归。”晏子曰：“何为为仆？”对曰：“不免冻饿之切吾身，是以为仆也。”晏子曰：“为仆几何？”对曰：“三年矣。”晏子曰：“可得赎乎？”对曰：“可。”遂解左骖以赎之，因载而与之俱归。至舍，不辞而入。越石父怒而请绝。晏子使人应之曰：“吾未尝得交夫子也，子为仆三年，吾乃今日睹而赎之，吾于子尚未可乎？子何绝我之暴也？”越石父对曰：“臣闻之，士者诎乎不知己，而申乎知己。故君子不以功轻人之身，不为彼功诎身之理。吾三年为人臣仆，而莫吾知也。今子赎我，吾以子为知我矣。向者子乘，不我辞也，吾以子为忘。今又不辞而入，是与臣仆我者同矣。我犹且为臣，请鬻于世。”晏子出，请见，曰：“向者见客之容，而今也见客之意。婴闻之，省行者不引其过，察实者不讥其辞，婴可以辞而无弃乎。婴诚革之。”乃令粪洒改席，尊醮而礼之。越石父曰：“吾闻之，至恭不修途，尊礼不受摈。夫子礼之，仆不敢当也。”晏子遂以为上客。君子曰：“俗人之有功则德，德则骄。晏子有功，免人于厄，而反诎下之，其去俗亦远矣。此全功之道也。”

《晏子春秋·内篇杂上》

晏子之御感妻言而自抑损晏子荐以为大夫第二十五

晏子为齐相，出。其御之妻从门间而窥其夫为相御，拥大盖，策驷马，意气扬扬，甚自得也。既而归，其妻请去。夫问其故，妻曰："晏子长不满六尺，身相齐国，名显诸侯。今者妾观其出，志念深矣，常有以自下者。今子长八尺，乃为人仆御，然子之意自以为足，妾是以求去也。"其后，夫自抑损。晏子怪而问之，御以实对，晏子荐以为大夫。

第十一篇

情同父子

嘴直是晏婴的一个特点。尤其是面对齐景公时，晏婴犯颜直谏的次数会更多。齐景公毕竟是国君，虽然心智不够成熟，但是颜面不能丢，所以晏婴承受的风险也很大。奇妙的是，晏婴不但长寿，而且善终。难道齐景公真的那么缺心眼儿，从来没有记过仇吗？

一、齐国的噩耗

公元前500年的一天，齐景公正在郊外游玩，突然接到快报——国相晏婴去世了。国相去世是齐国的重大损失，这样一条坏消息对国君齐景公的打击当然很大。

齐景公十几岁便登基，在位五十多年，晏婴去世的这一年，齐景公已经是六十多岁的老人了。齐景公在位期间，虽然齐国的综合国力不算最强，但他也开创了齐国历史上继姜子牙盛世和齐桓公盛世之后的第三个盛世。当然，这个盛世的开创主要应归功于国相晏婴。听到晏婴去世的消息，齐景公的第一反应是什么？

齐景公立即吩咐备车！不仅备车，而且还要用快马驾车。即使用快马驾车，齐景公还是觉得太慢，干脆自己下车跑步前进。六十多岁的老人，就算跑得再快，其实也很难跑过马车。即使暂时能够跑过马车，也不可能一口气跑回国都。果然，他很快就跑累了，只能乘车继续赶路。但是刚缓过气来，他又嫌车慢，再次下车狂奔。这样一共折腾了四次，才赶到晏婴家。其实，只要做过小学算术应用题的都知道，赶路的时间是由马车的速度决定的，那么他下车奔跑有什么意义呢？难道齐景公是个孩子，不知道自己在做无用功吗？

据《晏子春秋》记载，他“行哭而往”，堂堂国君边跑边哭，横穿街市。当终于赶到晏婴家里时，齐景公“伏尸而号”，就是伏在尸体上号啕大哭。

国相去世了，齐景公内心悲痛，这是可以理解的。但是悲痛到“行哭而往”，还“伏尸而号”，这么夸张就令人诧异了。尤其是“伏尸而号”，这个动作的心理门槛其实很高，毕竟尸体是令人感到恐怖的，毕竟那还是一个有神论盛行的年代。当然，特殊行为一定有其特殊的道理，我们先听听齐景公是怎么说的。

齐景公“伏尸而号”，边哭边说：“子大夫日夜责寡人，不遗尺寸，寡人犹且淫佚而不收，怨罪重积于百姓。今天降祸于齐，不加于寡人，而加于夫子，齐国之社稷危矣，百姓将谁告夫。”先生您日夜批评寡人，毫无遗漏，就这样寡人还放纵不羁，搞得民怨深重。如今老天向齐国降灾，没降给寡人，却降给了先生，齐国危险了，百姓又将向谁求告。

这段话听起来非常感人，但感人的背后到底传递出什么样的信息呢？

第一，这段话说明了一个基本事实，就是晏婴经常批评齐景公，并且见到错误就批评，一点一滴也不放过。但是这个说法很奇怪。国君如果天天批评国相，还算符合情理；国相日夜批评国君，还真是历史奇观！

第二，齐景公认为自己由于不听晏婴的批评，所以在百姓中积下了深重的怨恨，这倒真是个事实。那个时候，齐国尽管比较强大，但对百姓的搜刮也非常严重，横征暴敛的比例有时竟达到百姓收入的三分之二。

第三，老天没把灾降到齐景公身上，却降给了晏婴。这些都是民女哭丧的歌词，就像老天怎么不让我替你去死一样。虽然歌词较俗，但情感真挚。有人说晏婴活到了九十五岁，也有人说他仅活到了七十八岁。这么大年纪的人去世是正常的，而齐景公哭成泪人，说明两人的感情非常深厚。

第四，齐国危险了，百姓将向谁求告？齐国百姓遇见困难应该向谁求告？当然是国君！如果百姓都向晏婴求告，岂不说明晏婴是齐国的主心骨？这句话一说出来，齐景公就把自己摆在了局外人的位置上。当然，这也说明了一个事实，当时齐国的百姓对晏婴的信任和爱戴已经超过了国君；同时也说明齐景公是心甘情愿接受这样的错位的。

的确，齐景公哭晏婴是动了真情的，他哭得鼻涕一把、眼泪一把的，都弄到了衣襟上。这个时候，随行的大臣弦章看不下去了。他对齐景公说："这样做不合礼数。"好！晏婴去世了，弦章开口了。一个批评家倒下去，又一个批评家站起来。

齐景公说："安用礼乎？昔者吾与夫子游于公阜之上，一日而三不听寡人，今其孰能然乎？吾失夫子则亡，何礼之有。"意思是，都这个时候了，还顾得上什么礼数啊？以前我跟晏夫子出游公阜的时候，他曾经一天批评了我三次，现在谁还能这样啊？今天，晏夫子走了，还说什么礼不礼的呀。

这回听明白了，晏婴果然是没少批评齐景公，有时一天之内就批评了三次。但令人不解的是，为什么齐景公那么怀念晏婴的批评呢？

二、直谏专业户

现在，我们先来了解一下"一日而三不听寡人"是怎么回事。

按照《晏子春秋》的记载，有一天，齐景公带着晏婴一起到公阜游览。北望都城，国君情不自禁地说："哎呀，假如从古到今，人可以不死，那会怎样呢？"其实，齐景公想表达的是对长生不老的渴望，一个人人都有的心愿。

好！机会来了。晏婴找到了话题，可以批评一下齐景公了。

晏婴说："人有死亡是好事啊，仁德的人安息了，不仁的人也伏隐了。如果自古人都不死，那么太公和丁公将会永远掌管齐国，而桓公、襄公、文公、武公都将辅佐他们，而您呢，只能头戴斗笠、身穿粗衣、手拿着锄头和耙子奔走在田间地头，哪还有闲工夫忧虑死亡的事情？"

齐景公没想到，自己的一句话立即引发了晏婴的长篇大论，而且还有贬低的味道。齐景公当然不高兴，把脸拉长了。他觉得这顿批评挨得莫名其妙。两个人都不说话了。

没过一会儿，大臣梁丘据驾着车来了，这驾车由六匹马拉着，是辆豪车。齐景公听见车马声那么急迫，就嘟囔了一句："这是谁呀？"

晏婴左右看看没别人，只能自己回答，说："梁丘据呗。"

尽管刚刚被晏婴批评过，心情不顺，但好奇害死猫，齐景公立即问道："你怎么知道是他呢？"

晏婴很不屑地说："大热天的赶着马车狂奔，严重点马会死，轻点马也会受伤，不是梁丘据，谁会这么干？"这一次，晏婴没有批评齐景公，而是批评了梁丘据，说他不爱惜马匹，严重点说就是不爱护生灵，不懂人与自然的和谐。

齐景公点了点头，他知道梁丘据这么急迫是为了赶过来见他，内心还是挺感动的。想想刚才挨的批评，他感叹地说："还是梁丘据跟我和啊！"

本来不想再批评国君，没想到齐景公自己把话茬递了过来。晏婴正好借题发挥，说："您那不叫和，只能叫同而已。什么是和呢？和就是君主如果是甜的，臣子就是酸的；君主如果是淡的，臣子就是咸的。现在这个梁丘据，君主是甜的，他也是甜的，君主是淡的，他也是淡的，这只能算是同，怎么能称为和？"晏婴这段话有意思吧，居然带有现代化学思维。当然，这段批评中有一种嘲笑的味道，你那叫什么和呀！

一句话又引来晏婴的长篇大论，损了梁丘据，也嘲笑了齐景公。齐景公于是又生气了，把脸拉得更长了。

又过了一会儿，天黑了，齐景公抬头一看，彗星出来了。彗星出现历来被认为是不祥之兆，齐景公也挺忌讳，所以就叫来一个巫师，想让他做点法事，把灾星消掉。这一下，批评的机会又来了。

晏婴说："不能这样做！"他的观点非常明确。

为什么呢？他说："这是上天在教训我们。日月出现不祥之气，风雨不合时宜，彗星也跟着出现，这都是上天因为民间混乱显现的征兆，用来警诫我们不恭敬的行为。如果国君您能实施文德教化而接受劝谏，拜见圣人贤者，即使不去做法事消灾，彗星也会自行消亡。"

本来话说到这里，听起来都挺顺的，先是声明观点、分析问题，然后提出建设性意见。但是到这里，话锋一转，再一次滑向了批评甚至是批判。

晏婴接下来是这样说的："今君嗜酒而并于乐，政不饰而宽于小人，近谗好优，恶文而疏圣贤人，何暇在彗，茀又将见矣。"现在国君您嗜酒如命而且贪图玩乐，不整治朝政而且纵容小人，亲近奸臣而且喜欢杂耍艺人，厌恶文德教化却疏远圣人贤者，何止彗星要出现啊，孛星也快出现了。孛星类似彗星，芒气四散，古人认为它比彗星更为不祥。所以，到这里，晏婴不仅是批评，简直是在诅咒了。

本来出来游览，高高兴兴的，但一连被人批评了三次，即使普通人也会冒火，更何况一国之君呢！所以国君很生气，后果很严重！

然而后果真的很严重吗？

令人感到奇怪的是，齐景公并没有因此打击报复晏婴，在晏婴去世后，齐景公拿来哭诉的竟是这件惹他十分不快的事情。人真是个复杂的动物！难道齐景公就长了这么一把贱骨头，非得天天挨顿臭批方解心头之痒吗？

其实，晏婴辅佐齐景公四十多年，前些年虽然不是国相，但也算是朝廷重臣。在辅佐齐景公的这段时间里，晏婴曾经向齐景公提过很多谏议。《晏子春秋》一书对这些事情记载得最详细。

《晏子春秋》分为“内篇”和“外篇”，内篇分为“谏上”“谏下”“问上”“问下”“杂上”“杂下”六个部分，外篇分为“重而异者”“不合经术者”两个部分。

“谏上”“谏下”主要记载了晏婴看见不合理的事情，主动向国君提的意见和批评。晏婴说得非常直接，都是直谏。

“问上”“问下”则记载了晏婴在有人咨询问题时给予的解答。其中一部分仍然是针对国君的，也是直谏。

“杂上”“杂下”中也有很多晏婴的言论，也有直谏的味道。

所以《晏子春秋》记载的 215 个故事，大部分都是晏婴在提意见，不管这些意见是主动提出的，还是被动提出的，都说明了一件事情，那就是晏婴敢谏也善谏。

三、君臣亦父子

那么晏婴到底都谏言了什么呢？

通过《晏子春秋》可知，晏婴在谏言时，涉及的话题非常广泛，从内政到外交，从做人到做事，从学习到享乐，丰富多样。晏婴的谏言大多是言辞激烈、不留情面的批评。而这些批评大都以齐景公说一句“善哉”也就是接受甚至认错收场。两个人好像在玩一种游戏。下面这次谏议尤其搞笑。

有一次，齐景公重用了谄媚小人，奖赏无功者，惩罚无罪者。晏婴看不下去了，又一次站出来，批评国君不尊重圣贤、偏听偏信小人，批评国君推崇及时行乐并纵容妻妾官吏巧取豪夺、搜刮民财、蒙蔽君主，导致忠臣经常受人残害。晏婴越说越气，最后说：“有识之士可以与主人共同得益，不可与主人共同失误；可以跟主人共同进步，不可与主人共同退步，所以我还是请求离去吧。”于是就扬鞭催马离开了。

这一次，晏婴看起来好像真生气、真绝望了，所以才做出离场的举动。当然，这也可能是一种策略，就像谈判学中的“离场压力”一样。离场不是目的，目的是逼对方就范。果然，齐景公就范了。

他马上派大臣韩子休追赶晏婴，并转告他说自己不仁义，不听教诲，以致弄到这么严重的地步。“夫子休国焉而往，寡人将从而后。”您要放弃国家出走，我也不拦着您，您说您想去哪儿吧，我不当国君了，追随您还不行吗？这国君也够耍赖的。

晏婴丝毫没有扭捏，赶紧打马返回。他的仆人就不理解了，说：“刚才您跑得那么快，这会儿怎么又回来得这么快呢？”晏婴说：“这个你就不懂了，国君的话已经说满了。”也就是说，国君已经给足了面子，如果再不赶紧下台阶，以后就没有扭转的余地了。

这对君臣玩得这么嗨，难免引发我们思考一个问题，那就是他们到底怎样看待对方？他们到底是怎样一种相处模式？

我们首先看看齐景公，看看他在位期间的一些表现。他作为堂堂国君，有时饮酒饮得一醉三天不醒，有时连饮七日也不上朝问事，甚至在遭遇天灾的情况下，狂饮十七天而不关心灾情；为自己享受，横征暴敛，大兴土木，筑高台，更宫室，挥霍国民财力，百姓略有反抗，重则处死，轻则砍脚；任性妄为，可以不顾君主威仪，戴着大帽子、披着长长的衣服上朝，然后“疾视矜立”“日晏不罢”，扮酷扮到天黑，也不让大臣回家；有时还为一匹马、一只鸟、一棵树、一片竹子、一些陶坯等杀人，甚至荒唐到要为狗举行人葬仪式。这些事情之所以发生，一方面与当时社会制度下的君主意识有关，他根本没把百姓当人对待；另一方面也与齐景公的个性有关。

齐景公就是个长不大的孩子！

穿奇装异服扮酷啊，想给狗举行人葬仪式，等等，这些都是小孩子过家家的事情，很难想象是堂堂国君所为，但又的确发生在齐景公身上。

齐景公十几岁就做了国君。虽然不算登基年龄最小的国君，但仍然是个半大孩子。而这个孩子是如何在各派政治势力的角逐中生存下来的呢？齐景公靠的恰恰是他孩子般的单纯。

如果一个人玩物丧志，对他自己来说确实是坏事，但对于生活在各派政治势力角逐中的齐景公而言，可能就变成了好事。因为他对别人没有威胁，所以，齐景公的那些不良嗜好总有一些大臣愿意满足他。因为满足了之后，国君就不找别人的麻烦；国君不找大臣的麻烦，大臣就闷声发大财，也不找国君的麻烦。可以说，齐景公用孩子气保护了自己，但想不到的是他由此把孩子气保持了一生。

而晏婴呢？是一个长不高的“巨人”。

据《晏子春秋》记载，晋国大夫叔向向晏婴咨询了十个问题。这些问题主要是关于做官和做人的深层问题。我们知道叔向也是举世闻名的大贤人，大贤人心中有疑惑却来找晏婴帮忙解决。这说明了什么呢？这说明晏婴让人感觉更加成熟。

有一次，叔向向晏婴请教怎样事君、怎样居闲。在晏婴做了非常系统清晰的回答之后，叔向叹息着说：“我每次有了问题，自己都找不到答案。”言外之意，晏婴替他解开了太多的疑惑。

看一个男人有多出色，关键看有多少男人崇拜他。

看一个男人有多成熟，关键看什么样的问题能咨询他。

晏婴虽然个子小，但他想得远、看得透、说得巧、稳得住、扛得起，所以他才能做到审时度势、纵横捭阖、清廉自律、广聚民心。晏子的政治智慧可谓炉火纯青，所以他成了齐国政坛上的一棵常青树，一生辅佐过三位国君。

那么晏婴和齐景公两个人到底是什么关系呢?

按照最保守的说法，晏婴活到了七十八岁，也就是比齐景公大十七岁；按照比较乐观的估计，晏婴活到了九十五岁，也就是说，比齐景公大三十四岁。

齐景公在七岁的时候死了父亲，是一个缺少父爱的苦命娃娃，所以内心深处有一种对父爱的渴望。他可能对晏婴产生了父子关系的错觉，虽然他并没有拜晏婴为义父。

齐景公虽然当了国君，但夹在权倾朝野的几位大臣以及不断强大的大夫之间，日子过得提心吊胆。而这期间，晏婴帮助他收回了土地并增强了实力，为他出谋划策，在他遇到危险时，甚至直接保护他。所以，在晏婴的全力辅佐下，孩子气的国君有了主心骨，越来越重用晏婴。当然，他一边很敬老，对晏婴礼遇有加，言听计从；另一边又仿佛在“啃老”，肆意挥霍晏婴的治理成果。所以，我们才会看到这种奇妙的君臣关系，齐景公不断犯错，晏婴规劝甚至责骂，而齐景公最后总用“善哉”表示接受。尽管他说了“善哉”，但还是管不住自己，依旧新错误不断、旧错误重犯。而晏婴无论责骂得多么难听，总能保住性命。不得不说，这的确是一个历史奇观。而这个历史奇观出现的心理基础就是晏婴和齐景公之间近似父子的感情。

四、引火却不烧身

其实，历史上有很多直言敢谏的人，但能够像晏婴这样一生都直言敢谏并且没有“引火烧身”的人很少。为什么晏婴可以做到这一点呢?我们不妨从下面的这个小故事进行分析。

某一天，晏婴出使鲁国回来，发现齐景公为修建大台而大兴劳役。当时天气寒冷，挨饿受冻的人到处都有，所以百姓都盼望晏婴早点回来。

晏婴回来了。在汇报完工作后，齐景公请他坐下，然后很愉快地饮酒。喝酒，好啊！晏婴说，那我就唱首歌助兴吧！他于是开始唱起来："冰冷的水浇洗着我，怎么办啊！国君让我没法活，怎么办啊！"唱到这里，晏婴就哭了。

齐景公虽然像个孩子，但不是笨人。他制止住晏婴，说："先生您这么忧伤，想必是为了修大台的事情吧？我马上下令停止修建还不行嘛。"

晏婴的目的达到了，但他没说话，只是起身拜谢，然后默默走出，赶往大台工地，然后手持棍棒抽打那些干活不卖力的人，边打边骂："干活磨磨蹭蹭，哪里像工作的样子！"这下百姓都说晏婴是助纣为虐。

还没等晏婴回来，齐景公已经下令停止劳役，传令官吏的车子在前奔驰，人们也都跟着奔跑。

这件事情后来被孔子知道了。他长叹一声说："古之善为人臣者，声名归之君，祸灾归之身。入则切磋其君之不善，出则高誉其君之德义。……当此道者，其晏子是耶。"孔子的意思是，古代善于做人臣的，总是把好名声归于君王，把灾祸归于自身。在宫内就研究怎样帮助君王改正过错，在宫外就极力赞美君王的仁德礼义。能够做到这种为臣之道的人，大概就是晏子啊！

当然，无论晏婴谏言什么，怎样谏言，有一点齐景公是非常明白的，那就是晏婴一心为国。按照《晏子春秋》的记载，晏婴的谏言都是正大光明、符合道义、深受百姓欢迎且有利于国家繁荣昌盛的，说到底都是真心实意帮助齐景公的。不恋权，不贪财，不畏死，一片公心，这是晏婴敢于犯颜直谏的最重要的基础。

晏婴和齐景公之间形成了独特的情同父子的关系，所以晏婴才敢直言进谏。而齐景公能够接受谏言，是晏婴得以在齐国"操盘"的重要保障。齐国的兴旺也得益于这样一种政治风气。因此晏婴的民本、廉

政、礼治等重要政治主张才得以推行几十年之久。有了正确稳固的政治路线，才有了齐国的繁荣，可谓政兴于谏。

这位以民为本的国相，这位集智慧和贤良于一身的奇人，一生既经历了职业道路的曲折，也取得了开创盛世的成就；既赢得了国君的信任，又安抚了广大民众；既做到了对内以身垂范，又做到了对外不辱使命；既敢在重大关头铤而走险，又能在财色面前坚守节操。这样的人生实在可圈可点。那么从今天的角度看，他人生智慧的核心是什么呢？我们从现实需要出发，又能够向他学习些什么呢？

下篇继续讲述。

【原文摘编】

《晏子春秋·外篇不合经术者》

晏子死景公驰往哭哀毕而去第十六

景公游于菑，闻晏子死，公乘侈舆服繁驵驱之，自以为迟，下车而趋。知不若车之遫，则又乘。比至于国者，四下而趋，行哭而往，至，伏尸而号，曰："子大夫日夜责寡人，不遗尺寸，寡人犹且淫佚而不收，怨罪重积于百姓。今天降祸于齐，不加于寡人，而加于夫子，齐国之社稷危矣，百姓将谁告夫。"

《晏子春秋·外篇不合经术者》

晏子死景公哭之称莫复陈告吾过第十七

晏子死，景公操玉加于晏子尸上而哭之，涕沾襟。章子谏曰："非礼也。"公曰："安用礼乎？昔者吾与夫子游于公阜之上，一日而三不听寡人，今其孰能然乎？吾失夫子则亡，何礼之有。"免而哭，哀尽而去。

《晏子春秋·内篇谏上》

景公游公阜一日有三过言晏子谏第十八

景公出游于公阜，北面望，睹齐国曰：“呜呼！使古而无死，何如?”晏子曰：“昔者上帝以人之死为善，仁者息焉，不仁者伏焉。若使古而无死，太公、丁公将有齐国，桓、襄、文、武将皆相之，君将戴笠、衣褐、执铫耨以蹲行畎亩之中，孰暇患死。”公忿然作色，不说。

无几何，而梁丘据乘六马而来。公曰：“是谁也?”晏子曰：“据也。”公曰：“何以知之?”曰：“大暑而疾驰，甚者马死，薄者马伤，非据孰敢为之。”公曰：“据与我和者夫!”晏子曰：“此所谓同也。所谓和者，君甘则臣酸，君淡则臣咸。今据也君甘亦甘，所谓同也，安得为和。”公忿然作色，不说。

无几何，日暮。公西面望，睹彗星。召伯常骞，使禳去之。晏子曰：“不可。此天教也。日月之气，风雨不时，彗星之出，天为民之乱见之，故诏之妖祥，以戒不敬。今君若设文而受谏，谒圣贤人，虽不去彗，星将自亡。今君嗜酒而并于乐，政不饰而宽于小人，近谗好优，恶文而疏圣贤人，何暇在彗，茀又将见矣。”公忿然作色，不说。及晏子卒，公出屏而立，曰：“呜呼！昔者从夫子而游公阜，夫子一日而三责我，今谁责寡人哉!”

《晏子春秋·内篇谏上》

景公信用谗佞赏罚失中晏子谏第八

景公信用谗佞，赏无功，罚不辜。晏子谏曰：“臣闻明君望圣人而信其教，不闻听谗佞以诛赏。今与左右相说颂也，曰：‘比死者勉为乐乎。吾安能为仁而愈黥民耳矣。’故内宠之妾迫夺于国，外宠之臣矫夺于鄙，执法之吏并苛百姓。民愁苦约病，而奸驱尤佚，隐情奄恶，蔽谄其上，故虽有至圣大贤，岂能胜若谗哉。是以忠臣常有灾伤也。臣闻古者之士可与得之，不可与失之；可与进之，不可与退之。臣请逃之矣。”遂鞭马而出。

公使韩子休追之，曰：“孤不仁，不能顺教，以至此极。夫子休国焉而往，寡人将从而后。”晏子遂鞭马而返。其仆曰：“向之去何速？今之返又何速？”晏子曰：“非子之所知也，公之言至矣。”

《晏子春秋·内篇谏下》

景公为巨冠长衣以听朝晏子谏第十六

景公为巨冠长衣以听朝，疾视矜立，日晏不罢。晏子进曰：“圣人之服，中侻而不驵，可以导众。其动作侻顺而不逆，可以奉生。是以下皆法其服，而民争学其容。今君之服驵华，不可以导众。疾视矜立，不可以奉生。日晏矣，君不若脱服就燕。”公曰：“寡人受命。”退朝，遂去衣冠，不复服。

第十二篇

循道而行

对晏婴了解越多，越会觉得他是一个矛盾体。比如：他身材矮小，却胆略过人；他犯颜直谏，最终却能保全性命；自己生活清苦，却长期慷慨救济他人；爱亲人、养家人，最终却把财产裸捐给国家；一面谦和待人，一面唇枪舌剑、得理不饶人。正所谓人不止一面，晏婴是一位非常奇怪又非常复杂的人物。

以上种种表象就像落满树叶的水面一样，看上去五色杂陈、形状各异，但是把这些落叶拨开之后会是什么景象呢？清澈见底，也就是说晏婴内心是洁净透明的。他的思考和他的行为都有一个基本核心。这个核心就是他坚守的信念。在别人看来矛盾和奇怪的东西，在他内心其实是和谐统一的。

现在我们就从以下几个重要命题出发，来探索一下这位大贤人内心到底在坚守什么。

一、好不好色？

我们通过前面的内容可知，晏婴首先不贪财，他用自己的俸禄救济贫寒之士，最终还裸捐了财产；其次不恋权，多次辞职，并且三次下野——放弃爵禄，过平民生活。那么，这位既不贪财又不恋权的贤人，难道就没有一点不良嗜好？比如他好不好色？

按照常理推测，晏婴“长不满六尺”，很难吸引美女的目光，那他应该很少得到异性的肯定，因此他对异性的渴望可能更为强烈。但是贵为国相的晏婴一生只娶了一位夫人，并且这位夫人在别人看来还不怎么样。

据《晏子春秋》记载，齐景公有个非常宠爱的女儿，可能是想要奖励晏婴多年的辛劳，所以齐景公打算把女儿嫁给他。

国君想嫁女儿，得找个人说媒呀，找谁呢？齐景公找的是自己。他亲自来到晏婴家。但他又不好意思直截了当地说想把女儿嫁给他，就先跟晏婴喝酒，寻找机会引出话题，这样显得自然一些。

喝得正高兴的时候，齐景公正好看见了晏婴的妻子，就问："这就是你的夫人吗？"晏婴说："正是。"齐景公说："亦老且恶矣。寡人有女，少且姣，请以满夫子之宫。"真是又老又丑啊。寡人有个女儿，又年轻又漂亮，请让她来壮大你的内室吧。

国君想嫁女儿，对一般人来说正是大好机会。国君的妻妾都是精选出来的，所以生出的女儿一般都比较漂亮。享受美色的同时还能攀附国君，这种好事谁能拒绝呢？

但是晏婴未必会这么想。他是奇人，往往不走寻常路。他曾拒绝过齐景公赏赐给他的土地、金钱、皮草、豪车、豪宅，那么这一次他是怎么处理的呢？

晏婴离开座席，表示感谢，然后说："如今她的确又老又丑，可我已经与她过了很长时间，习惯了。"接下来，晏婴说了一段令人非常感动的话。他说："人固以壮托乎老，姣托乎恶，彼尝托而婴受之矣。君虽有赐，可以使婴倍其托乎。"晏婴的意思是，一个人在少壮的时候跟随你，其实是把她老弱的时候托付给你；女人年轻漂亮的时候嫁给你，也是把她年老色衰的时候托付给你；她曾经托付于我，而我也接受了她的托付。国君您虽然恩赐于我，但可以让我违背她曾经的托付吗？

从这段话看，晏婴不娶美女，主要因为他很讲信义，用今天的话说，就是有很强的契约精神，不愿意辜负自己的原配夫人。虽然这些话也算言之有理，但晏婴还有一个不便在国君面前言明的原因。晏婴在世交田无宇面前非常清晰地说出了这个原因。

有一天，田无宇嘲笑晏婴说：“你位为中卿，食田七十万，有权有钱，为什么娶了个这么老的妻子？”

这一次，晏婴的回答是：“去老者谓之乱，纳少者谓之淫。且夫见色而忘义，处富贵而失伦，谓之逆道。婴可以有淫乱之行，不顾于伦，逆古之道乎。”抛弃老妻的叫作乱，纳娶少妻的叫作淫。而且见到美色就忘记仁义，身处富贵就丧失人伦，就是违背“道”。我晏婴难道可以做淫乱之事，不顾人伦，违背亘古运行的“道”吗？

我们从这段话可以听出来，晏婴并没有假惺惺地说自己对女人没兴趣，而是非常明白地说自己不愿意违背“道”。而这个“道”是“古之道”，是从远古延续来的。

晏婴虽然矮小，但并不是对女人没有吸引力。他贵为国相，又被称为大贤人，还有非凡的气质，在女人心中还是有魅力的。据史料记载，曾经有一个做手工的女人想做晏婴的妾，被他拒绝了。

当然，晏婴在国君和田无宇两人面前说的话之所以不一样，是为了给国君留面子。他不能说国君下嫁女儿是淫乱，是违背道，那样说无疑是缺乏智慧的。但是，他敢拒绝齐景公的美意也让我们产生了一个疑问。这个疑问就是他忠不忠君。

二、忠不忠君？

据《晏子春秋》记载，有一天，齐景公和晏婴两个人待在一起，天气很冷，齐景公对晏婴说："给我弄点热饭吃。"

晏婴说："我不是侍奉君王饮食的臣子，不能从命。"

齐景公又说："帮我拿一下皮袄吧。"

晏婴又说："我不是为君王铺垫座席的臣子，不能从命。"

晏婴偏偏这么执拗，举手之劳也不肯。所以齐景公感觉也很不爽，说了一句："然夫子之于寡人何为者也？"那你对我有什么用处啊？

晏婴不慌不忙地说："我是社稷之臣。"

那什么是社稷之臣呢？

他说："夫社稷之臣，能立社稷，别上下之义，使当其理；制百官之序，使得其宜；作为辞令，可分布于四方。"所谓社稷之臣，能够建立国家政事，区别上下尊卑的礼仪，使这些礼仪恰当合理；能够制定百官等级次序，让人们处在合适的位置上；能够制定文辞法令，并让文辞法令传布到四方。

晏婴的说法很现代。他更像一位职业经理人，对企业负责，按岗位职责做事。但是通常来说，大都是国君要求臣子绝对服从，而晏婴则与众不同。他为什么会有这样不同的观念呢？

春秋时期，民众主要依靠土地生存，所以会形成对土地的归属感。但土地属于国君，于是在逻辑上就演变成民众归属于国君，进而演变成民众要对国君忠诚。

晏婴是怎样看待这个问题的呢？

前面讲过，晏婴因为辅佐过三位国君而遭到孔子的质疑。孔子说他一人能事三君，怀疑他有三心，也就是说他对谁都不忠心。其实奸臣梁丘据和另一位大臣高子也怀疑过晏婴的忠心。

晏婴在回应这种质疑的时候，非常明确地说："我之所以可以一人事三君，是因为三位国君都有一个共同的心愿，那就是都希望国家安宁。只要把握住这一条，不论哪位国君，我都会支持，所以我恰恰是用一心事百君。”

晏婴这段话的核心思想是什么呢？他效忠的是这个国家。对国家的忠诚高于对土地的忠诚，也高于对国君的忠诚。因为国家是包括土地、民众和国君的大整体。国家安宁其实是所有人的共同心愿。

晏婴效忠的是国家，而不仅仅是一位国君。他认为国君也属于国家，国君与国相都是为国家工作，都是为人民服务，只是国君和国相的工作职责不同而已。所以他与国君的关系在春秋时期就变得别具一格。

于是，晏婴的境界与其他臣子的境界形成了巨大反差。

有一天，齐景公问晏婴：“忠臣之事君何若？”忠臣是怎样侍奉国君的呢？

晏子对曰：“有难不死，出亡不送。”国君有难不殉死，国君出逃不随行。

齐景公听了当然很不爽，抱怨说：“国君给他土地爵位，让他有吃、有喝、身份尊贵，可是国君有难，他不殉死，国君出逃，他不跟随，这怎么能算得上忠臣呢？”

齐景公的抱怨有没有道理呢？按照传统的忠君思想，晏婴的说法显得很叛逆；从个人情感来看，同样让人感觉心里凉飕飕的。所以晏婴必须给个能够说得通的理由。

晏婴于是说：“如果臣子提的建议能被采纳，国君终身没有危难，臣子自然没有必要为他而死；如果能够听从臣子的主意，国君终身不需要逃亡，臣子跟他去哪儿呢？”晏婴的这些话明显有狡辩之嫌。但我们通过接下来的话可以看出他的真实看法。他说：“若言不见用，有难而死之，是妄死也。谋而不见从，出亡而送之，是诈伪也。”如果建议不被采纳，国君有难就为他而死，这是白白送死；如果主意没有被听从，国君出逃就跟随而去，这是虚情假意。现在明白了，晏婴的想法是，你不听忠臣的话，自己瞎整，甚至专门听奸臣的话，当把事情搞到没法收场的时候，又想起了忠臣，想让忠臣陪着你一起死、一块逃，是不是想得太美了呀？显然，这样的“忠”是晏婴不屑为之的。所以，他历来主张：遇见有道之君，就竭尽全力辅佐；遇到昏庸之君，就明哲保身，各得其所。

但是在春秋时期，晏婴的这些观念其实很难真正受到国君的欢迎。再加上他经常犯颜直谏，因此他的政治生涯多了一种风险，就是性命之忧，那么他怕不怕死？

三、怕不怕死？

生与死是人生的重大命题之一。齐景公身为国君，追求享受，同时也非常怕死，所以他经常触景生情，发出悲叹：我真的还想再活五百年。那么长期陪伴在他身边的国相晏婴怕不怕死呢？

据《晏子春秋》记载，这一年，齐景公在泰山上摆酒设宴，喝到酣畅之时，眺望国土，喟然长叹，同时也流下了几行热泪。他说：“寡人将去此堂堂国而死乎。”寡人将来也得抛下这堂堂大国而死去啊。

他这样一说，三名随从也陪着他伤心流泪，悲悲切切地说：“下臣都是卑微之人，也都害怕死亡，更何况国君您呢！您若抛下这个国家而死去，还有谁能够治理它呀？”

当时，晏婴正好也在齐景公身边。看到这幅景象，他拍着大腿，仰天大笑：“乐哉，今日之饮也。”哎呀，今天这顿酒喝得真快乐啊！

国君在那里哭泣，国相却说他快乐，显然会激起国君的愤怒。齐景公果然勃然大怒，质问他说：“寡人正伤心，你偏偏在旁边大笑，为什么？”

我们在前面分析过，晏婴和齐景公之间的关系相当于“精神父子”。晏婴采取各种方式训导齐景公，而齐景公总是像孩子一样依赖晏婴但又不断招惹晏婴。正因为如此，晏婴才能每每犯颜直谏却没有性命之忧。当然，晏婴也不能凭着齐景公的依赖就为所欲为，他必须对自己的行为做出合理解释。而这点事情当然难不倒这位口才大师。

他说：“因为我看到了一个怯懦的君王和三个谄媚的臣子。”

齐景公的心智跟个孩子似的，一听到这话，立刻被吸引了，连忙问道：“什么叫谄媚怯懦？”活这么大年纪，当了这么多年国君，连谄媚和怯懦都没搞清，可见活得肤浅浮躁。

但是齐景公问了，晏婴不能不答。晏婴于是说，从古代的时候就有死亡，只有死亡，才能让古圣先贤安息，让大奸大恶伏隐。如果让古代做君王的人长生不死，那么齐国的先君太公到今天还健在，国君您又怎么能享有齐国并为此悲哀呢？”

接下来，晏婴说了一段非常富有哲理的话：“夫盛之有衰，生之有死，天之分也。物有必至，事有常然，古之道也。曷为可悲？”有盛有衰，有生有死，这是上天注定的。用今天的话说，这是宇宙的法则。万物都有必然的归宿，万事都有正常的规律，这是亘古不变的道理。有什么值得悲伤的呢？晏婴在这里再一次提到了“古之道”。正是因为晏婴明白生死是亘古不变之道，所以他才能客观理性、积极坦然地面对生老病死。

讲到这里，我们了解到晏婴不贪财、不恋权、不好色、不患忠、不怕死，这样的人生态度可谓配得上洒脱二字。他为什么会如此洒脱呢？因为他有一个核心的信念，也就是前面不断提到的一个字——道。

四、天人合道

“道”这个字在记载晏婴言行的《晏子春秋》一书中出现了一百多次，多是在不同的语境下出现的。那么在晏婴的头脑中，这个“道”到底是什么东西？这个“道”的地位如何？下面我们做一个简单的分析。

第一，在晏婴到底好不好色这个话题中，他把抛弃老妻定义为乱，这是个社会伦理问题，具有社会属性；他又把纳娶少妻定义为淫，这是个人类生理问题，具有自然属性。他认为淫和乱都是违背古之道的，所以他说的这个道是主宰自然和社会两个方面的。

第二，在晏婴到底忠不忠君这个话题中，我们知道他希望能尽心竭力地辅佐有道之君。那国君应该有什么道呢？晏婴推崇的是圣王之道。那么什么样的道才叫圣王之道呢？

有一天，齐景公掏鸟窝，掏出个幼鸟，不忍心伤害，就放了回去。晏婴听说后，迫不及待地去见齐景公。齐景公以为自己又做错了什么，紧张出一头汗来。结果，晏婴面朝北方，小心恭敬地叩拜并称贺："吾君有圣王之道矣。"国君爱好生灵，让晏婴非常激动。

让晏婴如此激动的圣王之道是什么样子的呢？首先是顺应自然之理，让弱小的生命得以成长；其次是有社会之爱，对鸟兽尚且爱护，待人必然更为善良。所以，这个圣王之道是作用于自然和社会两个方面的。

第三，在晏婴到底怕不怕死的这个话题中，他认为盛衰相继是自然规律，同时圣贤安息、奸佞消亡也是社会进步的需要，所以要积极坦荡地面对。这个道是推动自然和社会两个方面发展的。

归纳起来，晏婴信奉的这个"道"就是规律。自然和社会都是在"道"的主宰下运行的。天和人即自然和社会都是因道而生、循道而行。

一方面，晏婴强调天人合一。

有一年，齐国大旱。齐景公召集群臣问："已经很久没下雨了，百姓就要挨饿了。我找了人占卜，说有鬼神在高山大河中作怪。我想向百姓征收一些税赋来祭祀灵山，可不可以？"遇见这种敏感问题，大臣们都不回答。

这个时候又轮到晏婴说话了。他的态度非常明确："不可！"为什么？他说："夫灵山固以石为身，以草木为发，天久不雨，发将焦，身将热，彼独不欲雨乎？祠之何益。"灵山本来就是以石头为身躯，以草木为毛发，这么长时间不下雨，它的毛发将要枯焦，它的身体将要燥热，难道它偏偏不想下雨吗？祭祀它有什么用。

齐景公听了之后说："要是这样的话，我祭祀一下河神可不可以呢？"

晏婴又说："不可！"又为什么？他说："河伯以水为国，以鱼鳖为民，天久不雨，水泉将下，百川将竭，国将亡，民将灭矣，彼独不欲雨乎？祠之何益。"河神以水为国家，以鱼鳖为百姓，这么多天不下雨，泉水将要下降，无数的河流将要干涸，也就是说它的国家将要灭亡，它的百姓将要灭绝，难道它偏偏不想下雨吗？祭祀它有什么用。

说到这里，齐景公没主意了："这可怎么办呢？"

其实，晏婴这样说都是从逻辑上论证齐景公的想法错误。到这个时候，晏婴才开出药方。他说："如果国君能够离开宫殿、露天居住，与灵山、河神共担忧患，或许有幸求得降雨。"

在这句话的鼓励下，齐景公真的搬到野外露天居住。结果，第三天真的天降大雨，百姓因此赢得了播种的时机。

这个结果可能是偶然的，但在晏婴的心中，这个结果又是必然的，因为他相信天人合一。所以，人与自然相通之后，才能与自然融为一体，才能得到自然的眷顾。

另一方面，晏婴认为天人互生。

有一次，天象出现了异常，时间长达一年。什么天象呢？"荧惑守虚。"荧惑就是火星，虚是星宿的虚位，"荧惑守于虚"就是火星停留在虚位。至于虚位到底在哪儿，已经不重要了，重要的是古人认为火星反常运行是灾祸降临的征兆，所以齐景公很害怕，于是召见晏婴向他询问。

齐景公问："我听说，人如果行善，上天就会赏赐他；如果行不善，上天就会降灾于他。火星是上天惩罚人的标志，现在它停留在虚宿那个位置上，谁将承担上天的惩罚呢？"

晏婴说："齐国。"

齐景公很不高兴，嘟囔着说："天下大国有十二个，都是诸侯国，为何偏偏是齐国承担？"

晏婴说："火星所在的位置，对应的就是齐国。并且上天降灾，往往是针对自恃其强的国家。而现在的齐国，为善不用，出政不行，贤人使远，谗人反昌，在这种情况下，百姓怎么办呢？痛苦怨恨，唯求自保。齐国社会混乱，所以众星运行怪异。"

听完这番话，齐景公当然更加害怕，于是问："可以消除灾祸吗？"

晏婴又找到宣传自己主张的机会了。他说："能够招致，当然也能消除。"

齐景公一听有救，立即就问："寡人应该怎么办呢？"

晏婴说："盍去冤聚之狱，使反田矣。散百官之财，施之民矣。振孤寡而敬老人矣。夫若是者，百恶可去，何独是孽乎。"什么意思呢？就是撤销冤狱，让那些人返回自己的家园。散发官府的钱财，施舍给民众。同时救济孤寡，敬重老人。如果这样做了，再多的邪恶都可以消除，何止这一个灾星啊？

这段话说完，效果怎么样？齐景公采纳实行，三个月下来，火星真的走了。

这件事情的结果其实是可以预料的。晏婴说能招致就能消除，同样的逻辑，一颗星星自己来了，也会自己离开。因此，晏婴这一次的谏言是有自然规律作支撑的。但是在他的意识里，社会活动如果违背"道"，大自然就会对人类进行惩罚。所以他坚信人类的自我改善是可以影响自然环境的。这就是他的信念。

其实，晏婴的这种信念在今天也可以从大的方面得到印证。人类的自我膨胀往往会对自然环境造成破坏，最终大自然会以灾害的形式对人类进行警诫甚至惩罚。

晏婴与老子差不多是同代人。相比起老子的空灵和深奥，晏婴更加具体和理性。晏婴是政治家，不是哲学家，更不是神学家。所以，他没有做专著论述他所信奉的“道”，但是他在一生中自觉地顺应道并奉行道。

晏婴心中的“道”是深沉的，因为这个“道”是宇宙的本质；晏婴心中的“道”又是简朴的，因为这个“道”就在生活中，既很骨感，又很丰满。所以，晏婴是与我们普通人最亲近的圣贤之一。这个可爱的小个子，顺应自然规律，因势利导；尊重人性，乐善好施；有能力做事就尽心尽力，没能力就隐退并保持品格；以洒脱的心态面对生活，从不患得患失。这样的人生是自在的，也是每个普通人都可以学到并做到的。

晏婴说：“为者常成，行者常至。”采取行动的人，容易获得成功；坚持行走的人，容易实现愿望。只有用心体会这个“道”字，不断修养内心，才能达到更好的状态。

最后，向伟大的晏子致敬，愿他高贵而又亲切的灵魂安息！

【原文摘编】

《晏子春秋·内篇杂下》

景公以晏子妻老且恶欲纳爱女晏子再拜以辞第二十四

景公有爱女，请嫁于晏子，公乃往燕晏子之家。饮酒，酣，公见其妻曰：“此子之内子邪？”晏子对曰：“然，是也。”公曰：“嘻，亦老且恶矣。寡人有女，少且姣，请以满夫子之宫。”晏子违席而对曰：“乃此则老且恶，婴与之居故矣，故及其少而姣也。且人固以壮托乎老，姣托乎恶，彼尝托而婴受之矣。君虽有赐，可以使婴倍其托乎。”再拜而辞。

《晏子春秋·外篇不合经术者》

田无宇非晏子有老妻晏子对以去老谓之乱第十

田无宇见晏子独立于闺内，有妇人出于室者，发班白，衣缁布之衣而无里裘。田无宇讥之曰："出于室何为者也？"晏子曰："婴之家也。"无宇曰："位为中卿，食田七十万，何以老妻为？"对曰："婴闻之，去老者谓之乱，纳少者谓之淫。且夫见色而忘义，处富贵而失伦，谓之逆道。婴可以有淫乱之行，不顾于伦，逆古之道乎。"

《晏子春秋·外篇不合经术者》

工女欲入身于晏子晏子辞不受第十一

有工女托于晏子之家者曰："婢妾，东郭之野人也，愿得入身，比数于下陈焉。"晏子曰："乃今而后自知吾不肖也。古之为政者，士农工商异居，男女有别而不通，故士无邪行，女无淫事。今仆托国主民，而女欲奔仆，仆必色见而行无廉也。"遂不见。

《晏子春秋·内篇杂上》

景公使进食与裘晏子对以社稷臣第十三

晏子侍于景公，朝寒，公曰："请进暖食。"晏子对曰："婴非君奉馈之臣也，敢辞。"公曰："请进服裘。"对曰："婴非君茵席之臣也，敢辞。"公曰："然夫子之于寡人何为者也？"对曰："婴，社稷之臣也。"公曰："何谓社稷之臣？"对曰："夫社稷之臣，能立社稷，别上下之义，使当其理；制百官之序，使得其宜；作为辞令，可分布于四方。"自是之后，君不以礼不见晏子。

《晏子春秋·内篇问上》

景公问忠臣之事君何若晏子对以不与君陷于难第十九

景公问于晏子曰："忠臣之事君何若？"晏子对曰："有难不死，出亡不送。”公不说，曰：“君裂地而封之，疏爵而贵之，君有难不死，出亡不送，其说何也？”对曰：“言而见用，终身无难，臣奚死焉。谋而见从，终身不亡，臣奚送焉。若言不见用，有难而死之，是妄死也。谋而不见从，出亡而送之，是诈伪也。故忠臣也者，能纳善于君，不能与君陷于难。”

《晏子春秋·外篇重而异者》

景公置酒泰山四望而泣晏子谏第二

景公置酒于泰山之上，酒酣，公四望其地，喟然叹，泣数行而下，曰：“寡人将去此堂堂国而死乎。”左右佐哀而泣者三人，曰：“臣，细人也，犹将难死，而况公乎。弃是国也而死，其孰可为乎！”晏子独搏其髀，仰天而大笑曰：“乐哉，今日之饮也。”公怫然怒曰：“寡人有哀，子独大笑，何也？”晏子对曰：“今日见怯君一，谀臣三，是以大笑。”公曰：“何谓谀怯也？”晏子曰：“夫古之有死也，令后世贤者得之以息，不肖者得之以伏。若使古之王者如毋有死，自昔先君太公至今尚在，而君亦安得此国而哀之？夫盛之有衰，生之有死，天之分也。物有必至，事有常然，古之道也。曷为可悲？至老尚哀死者，怯也。左右助哀者，谀也。怯谀聚居，是故笑之。”

公惭而更辞曰：“我非为去国而死哀也。寡人闻之，彗星出，其所向之国君当之。今彗星出而向吾国，我是以悲也。”晏子曰：“君之行义回邪，无德于国，穿池沼则欲其深以广也，为台榭则欲其高且大也，赋敛如抝夺，诛僇如仇雠。自是观之，茀又将出。彗星之出，庸可惧乎。”

于是公惧，乃归，寘池沼，废台榭，薄赋敛，缓刑罚，三十七日而彗星亡。

《晏子春秋·内篇杂上》

景公探雀鷇鷇弱反之晏子称长幼以贺第九

景公探雀鷇，鷇弱，反之。晏子闻之，不时而入见。公汗出惕然。晏子曰：“君何为者也？”公曰：“吾探雀鷇，鷇弱故反之。”晏子逡巡北面再拜而贺曰：“吾君有圣王之道矣。”公曰：“寡人探雀鷇，鷇弱故反之，其当圣王之道者何也？”晏子对曰：“君探雀鷇，鷇弱反之，是长幼也。吾君仁爱，曾禽兽之加焉，而况于人乎。此圣王之道也。”

《晏子春秋·内篇谏上》

景公欲祠灵山河伯以祷雨晏子谏第十五

齐大旱逾时，景公召群臣问曰：“天不雨久矣，民且有饥色。吾使人卜，云祟在高山广水。寡人欲少赋敛以祠灵山，可乎？”群臣莫对。晏子进曰：“不可。祠此无益也。夫灵山固以石为身，以草木为发，天久不雨，发将焦，身将热，彼独不欲雨乎？祠之何益。”公曰：“不然，吾欲祠河伯，可乎？”晏子曰：“不可。河伯以水为国，以鱼鳖为民，天久不雨，水泉将下，百川将竭，国将亡，民将灭矣，彼独不欲雨乎？祠之何益。”景公曰：“今为之奈何？”晏子曰：“君诚避宫殿暴露，与灵山、河伯共忧，其幸而雨乎。”于是景公出野暴露，三日，天果大雨，民尽得种时。景公曰：“善哉，晏子之言可无用乎？其维有德。”

《晏子春秋·内篇谏上》

景公异荧惑守虚而不去晏子谏第二十一

景公之时，荧惑守于虚，期年不去。公异之。召晏子而问曰：“吾闻之，人行善者天赏之，行不善者天殃之。荧惑，天罚也，今留虚，其孰当之？”晏子曰：“齐当之。”公不说，曰：“天下大国十二，皆曰诸侯，齐独何以当之？”晏子曰：“虚，齐野也。且天之下殃，固于富强，为善不用，出政不行，贤人使远，谗人反昌，百姓疾怨，自为祈祥，录录强食，进死何伤。是以列舍无次，变星有芒，荧惑回逆，孽星在旁，有贤不用，安得不亡。”公曰：“可去乎？”对曰：“可致者可去，不可致者不可去。”公曰：“寡人为之若何？”对曰：“盍去冤聚之狱，使反田矣。散百官之财，

施之民矣。振孤寡而敬老人矣。夫若是者，百恶可去，何独是孽乎。”公曰：“善。”行之三月，而荧惑迁。

《晏子春秋·内篇问上》

景公问圣王其行若何晏子对以衰世而讽第五（节选）

墨子闻之曰：“晏子知道，道在为人，而失在为己。为人者重，自为者轻。景公自为，而百姓不与。为人，而诸侯为役。则道在为人，而行在反己矣，故晏子知道矣。”

《晏子春秋·内篇杂下》

梁丘据自患不及晏子晏子勉据以常为常行第二十七

梁丘据谓晏子曰：“吾至死不及夫子矣。”晏子曰：“婴闻之，为者常成，行者常至。婴非有异于人也，常为而不置，常行而不休者，故难及也。”